毎日のごはん作りがラクになる、
一生ものの料理のコツ

志麻さんの台所ルール

タサン志麻

河出書房新社

はじめに

長い間、私はフランス料理の料理人として厨房で働いてきました。その間、レシピを見ながら料理を作るということはほとんどありませんでした。シェフがどのように素材を切り、どのくらい塩をふって、どんな火加減で焼くのか、〝見て〟覚えるのです。そして、どうしてシェフはこのようにするのだろうと〝考える〟のです。その繰り返しで料理を覚えていき、体にしみこませ、理解していくことができました。

家庭料理についても、レシピに忠実であるより大切なことがあります。

みなさんが使っている調理器具や食材、調味料は人それぞれ違うので、実はレシピ通りに作ったとしても、同じようにはできあがらないんです。家政婦の仕事に携わり、私は初めてそのことに気がつきました。

この本には、レシピはひとつも載っていません。

でも、ふだんレシピ本には書ききれない、料理をおいしくするポイントや調理をスムーズにするコツなどが詰まっています。これらは私が調理師時代に学んだことや、フランス人の考え方、家政婦になってから工夫するようになったことなどさまざまですが、自分で見て、考えたことは、失敗も含めて一生ものの学びとなっています。

この本が少しでもみなさんの毎日のごはん作りがラクになったり、楽しくなったりする手助けになればうれしく思います。

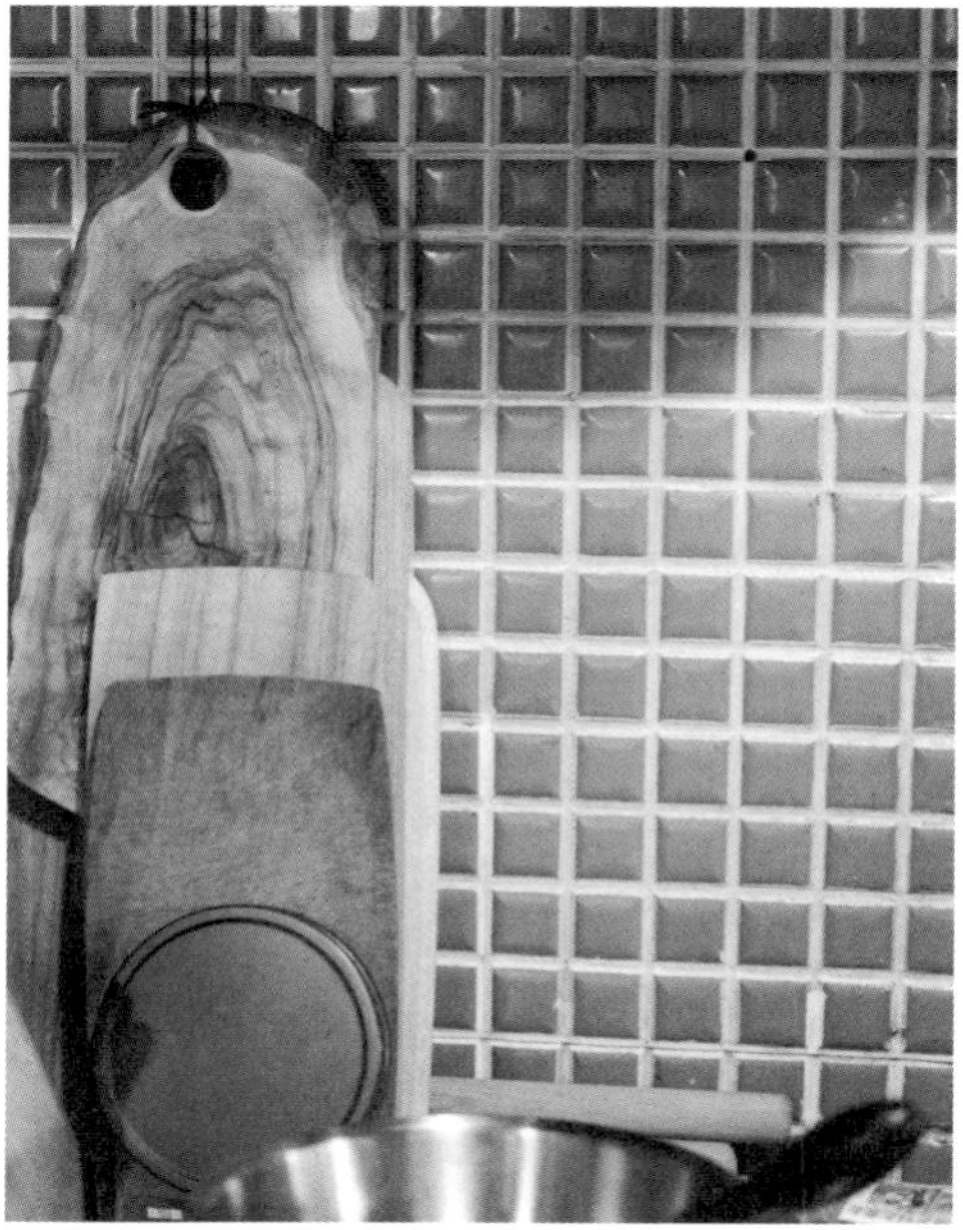

もくじ

Part 3 食材&調味料編

Part 4

調理道具編

Part 1

心の準備編

「食べる」を
大切にする。
「作る」は
もっとラクでいい

子どものころから記憶に残っている母の姿があります。

ごはんの時間になるとずっと台所に立っていて、食卓の席につくのは一番最後。食事もササッとすませ、すぐに席を離れて、洗い物を始めている。

当時の私にとっては、それは日常的な、当たり前のことでした。日本の多くの人がそうであるように、お母さんとはそういうものだと思っていたんです。

だから、料理人になるために留学していたフランスで、家庭にお邪魔して食事をしたときに受けた衝撃はとても大きかったですね。

「全然、違う」と。


フランス人のお母さんたちは、いい意味で作ることに一生懸命になりすぎていないんです。自然体で、気負いがなくて。そして何より、作った料理をテーブルに置いたら、家族や友人とおしゃべりしながら、自分もしっかり食べる。話題は各々の近況にとどまらず、文化から映画、政治まで多彩で、笑いに包まれた豊かな時間が流れていきます。食事そのものよりも、食事の時間を楽しんでいるという感じ。

料理自体は質素だけれど、心から食べることを楽しむその光景が、とてもぜいたくに感じました。

そもそも、作ることにそんなに時間をかけないことが多いです。作り方がシンプルで、手がかからないものがほとんど。おいしくなるポイントはおさえつつ、工程自体が少ないんです。そのシンプルさは「こんなに簡単でいいんだ！」と驚くほどで、「切ってから煮るだけ」や「オーブンに入れて焼くだけ」で完成する料理もたくさんあります。

休日に外食するレストランの料理としては物足りないかもしれないけれど、毎日作るものはレシピも材料もシンプルにかぎります。

疲れない簡単さが、日々食べるごはんには必要。

手の込んだものは、休みの日など余裕のあるときに作ればいい。

家政婦の仕事でお会いするお客様には、忙しい女性の方が多くいらっしゃいます。暮らしの状況や家族構成はさまざまですが、みなさんそれぞれに大変で、仕事も家事も子育ても「ちゃんとやらなくては」とひとりで抱え込んでしまうのではないでしょうか。

でも、お母さんだけが必死に料理を作る必要はありません。

フランスは日本と比べると家事に対する家族のサポートがあるので、女性の負担が少ないという側面はあると思います。料理については、そもそも「シンプルなメニュー」であることで、パートナーや子どもが参加しやすくなっているんですね。

フランスのスタイルばかりがいいのではなくて、伝えたいのは、「がんばりすぎなくても大丈夫！」ということ。

子育て中の女性にかぎらず、お仕事をされている方でも、シングルの方でも、男性でも、もし毎日の料理を「大変」「苦痛」と感じているならば、少し肩の力を抜いて、今までのやり方をちょっと変えてみませんか？

「食べること」をもっと楽しむために、はじめの一歩を踏み出しましょう。

レシピに
頼りすぎて
いませんか？

「レシピ通りに作ったはずなのに、なんだかおいしくない……」

そんな経験はありませんか？

「きっとこのレシピがイマイチなんだ」とか、「有名なシェフや料理家のレシピでもおいしく作れないなんて、やっぱり自分は料理が苦手なんだ」なんて思ったことのある方もいるかもしれません。

でも、実は〝レシピ通り〟に作っておいしく仕上げるというのは、プロの料理人でも難しいことなんです。

家政婦という職業柄、私はいろいろな方のおうちで料理を作ってきました。

たとえば、同じ「鶏のクリーム煮」を作ろうとしても、それぞれの家庭によって用意してある調味料や道具は異なります。

塩ひとつとっても、焼き塩のようにサラサラしたものを使っている人、ミネラル豊富な沖縄の海水が原料のものを使っている人、フランスのゲランド産のものを使っている人、または手ごろな食卓塩を使っている人など、さまざまです。

調理道具も同じで、煮込むときに使う鍋ひとつとっても、ご家庭によって持っている鍋の数、形や素材、大きさはさまざま。同じ分量の材料を使っても、小さい鍋でギュウギュウに入っている状態と、大きい鍋でゆとりのある状態では、煮詰まり方はまったく違いますよね。

それに、「弱火で30分」が適切なのかは、ガスコンロなのかＩＨなのか、またそれらのメーカーによっても変わってきます。経年変化で、熱のあたり具合が弱い部分もあるかもしれません。

家庭によってこんなにも環境が違うという現実。

ただひとつのレシピが提示するグラムや加熱時間、火加減に合わせて作ったとしても、仕上がりが違うのはむしろ自然なことです。私自身、15年近くレストランで働いてきましたが、家政婦の仕事を通じて初めて気づくことができました。

では、なぜ今、異なる環境に対応できているのか。

それはやはり、料理人時代に「何グラム」「何分」というふうに料理を覚えていなかったから。

自分の五感、すなわち視覚・聴覚・嗅覚・味覚・触覚で覚えるということを、師匠であるシェフから学んできました。「肉のこの部分は厚くなっているから、塩はこのくらい」とか、「しっとりした食感にしたければ、こんな音が聴こえてきたら火を止める」というように。


それに、人の感覚はみんな違います。「おいしい」と感じる味覚もしかり。私はレストランで働いていた期間が長かったので、〝しっかりした味〟が好みです。塩味がバチッと決まった料理をおいしいと感じます。でも、それだと「しょっぱい！」と感じる人もいるでしょう。逆に物足りない人もいるかもしれない。１００人いたら１００人全員がおいしいと感じる味はない、と思っています。

たとえば、パスタをゆでるときのお湯の塩加減は「１リットルに30グラム。海水程度の塩分濃度３％で」とよく言われますが、実際はこれだと濃くて、最近では「１％」と示すレシピが増えています。どちらをおいしいと感じるかは人によって違ってきます。

私の場合は、その人にピタッとくる味は数値では表せないという思いから、「飲んでおいしいと感じるくらい」と伝えるようにしています。

まずは、「自分の味」を見つけることが大切。

もちろん、料理をするうえでの手順や味の方向性の目安は必要です。その点、レシピは参考になります。ただし、ひとつひとつの工程の意味を理解しないと、それは自分のものになりません。

「同じレシピを何度も見て作っているのに、作り方が覚えられない」というのは、レシピ通りに作ることを最終目標にしてしまっているから。最初はレシピ通りに作って、その後は調味や火の加減を探っていく。考えながら作るうちに、必ず自分の味が作られていきます。

「レシピに頼りすぎない」とは、考える力を生むということ。考える力が身につけば、自分で判断できるようになります。

もし一度作った料理がおいしくなかったとしても、その理由を理解しておけば、次は状況を見ながら、上手に対応できるようになるでしょう。たとえば、「前回使ったのは脂がのっている肉だったのに、ふる塩の量が少なかった。今日は赤身が多い肉だから……」というふうに。

レシピから自由になって、自分の力でのびのびと料理が作れたら、もっと楽しいし、おいしい。そのためのコツをお伝えしていきます。

「なぜこうするのか？」を考えてみる

修業時代、師匠からは「なぜこうするのか、常に考えて仕事をしなさい」と言われてきました。すべての工程においしくする意味があるからです。たとえば、作る順番、材料の切り方、塩をふるタイミング、どんな状態になるまで混ぜるか……。

それは家庭料理についても言えることです。料理人と同じようにはできなくても、レシピ通りに計って調理するだけでは、自分の頭で考えられていない状態になってしまいます。前にもふれた通り、工程の意味を理解することが大切です。

私もレシピを書き始めて痛感したのが、料理には「レシピに書けないこと」が山ほどあるということ。最近のレシピは特に、「より短く、簡潔に」という傾向になっています。「なぜこの工程を経《へ》るのか」が書かれていないので、おいしくするポイントをはずしてしまう。でも、ポイントさえわかっていれば、いつもの料理でもおいしく作ることができます。自分で応用することもできるので、新しく特別なレシピを覚えるよりも一生ものの知恵になるんです。

料理は毎日のこと。「なんで？」と考えながら続けていると、着実に変わっていきます。そしてやがて、自分をラクにしてあげられます。

大切なのは、料理を「感じる」こと

「おいしい」と感じるには五感が影響しています。考えてみると、見た目、音、硬さや混ざり具合、味、匂いのどれをとっても、数値で表すことが難しいと思いませんか？

肉を想像してみてください。同じ２００グラムでも、細長いのか厚みがあるのか、形状が違うはずです。レシピに「中火で３分」と書いてあっても、形状が違えば、何分焼けばいいのか、何グラム塩をふればいいのかも変わってきます。さらにフライパンいっぱいに食材が入っているのか、隙間が空いているかにもよりますね。時間やグラムではなく、その食材にとってどういう状態がおいしいのかを意識してみましょう。

たとえばブロック肉を焼くとき、料理人には鉄の串を刺してから唇にあてて温度を確認する人もいます。でも家庭には鉄串なんてなかなかありませんよね。ではどうするかというと、肉汁の色で判断するのです。生々しい血が混じっていたらまだ生。一番厚いところに竹串を刺して、透き通った肉汁が出ればＯＫのサインです。

焼きながら香りがたってくるとか、油の音がパチパチしてきたらとか、煮込んでポコポコ沸いているなというように、煙や泡、食材の表面の色も参考に、おいしい状態をイメージすること。五感を解放すると、どんどん自分で判断できるようになっていきます。

失敗するからこそ、身につきます

忙しい中で作る料理ですから、「初めてのメニューも一発で成功したい！」と思うかもしれません。しかし、そううまくいかないこともありますよね。

かくいう私も、仕事中に「揚げ物を予定してたのにパン粉がなかった！」「思ったより火が強くて、焦がしちゃった！」なんていうハプニングが起こることも。でも、失敗したからといって捨てるわけにはいきません。

みなさんがレシピを見て作る場合も、レシピを考案した人とは料理をする環境も道具も違うので、まったく同じには仕上がらないもの。失敗してしまうこともあるでしょう。

失敗した後も、やりようがあるとわかっていれば、焦らず落ち込まずに次にやるべきことを考えられます。パン粉がないなら卵液をつけて焼いてピカタにしたり、焦げた部分はそぎ落としてから薄切りにしてあえ物にしたり、煮詰め過ぎたらソースにしたり。

失敗しなかったらこの料理は生まれなかったな、というメニューもたくさんあります。意外とおいしかったり、相性のいい組み合わせを発見したり、今までの固定観念がフッとはずれて、新しいアイデアにつながることも。失敗したときにこそ覚えることがたくさんあります。ぜひ、失敗を恐れずにやってみてください。

FORMAT
Reflets de France
Guérande

Part 2

段取り＆調理編

献立は
メニューではなく、
食材から考える

日々の料理で悩ましいのが、献立。

家政婦の仕事のときは時間制限があるので悩んでいる暇がないのですが、私生活ではやはり少し迷います。あらかじめ買い物の前に考えてメモしていたのに、予定していた食材がその日にかぎって売り切れていたり、値段が高かったり……ということもありますよね。

だから私は、買い物に行ってからその場で、まずメインを決めるようにしています。

メニューありきではなく、食材を決めてから、次にどう調理するのか、味つけはどう組み合わせるかを考える。メニューから考えようとすると、自分の知っているものしか思いつきません。しかし、食材ありきで、「これを焼くか、揚げるか、ゆでるか？」「味つけは、レモンを搾るのか、スパイスを使うのか？」と考えるようにすれば、メニューの幅がぐんと広がるのです。

メインとなる食材は、タンパク源である肉や魚。

スーパーの入口付近はたいてい野菜売り場ですから、そこは通り越して、まっすぐ肉や魚の売り場へ向かいます。

どんな種類のどこの部位にしようかな？　と考えますが、ここで決め手になるのは、主にその日の気候、気分、特売状況。

今日は暑いからさっぱりしたものを。すごくお腹が空いているからちょっとこってりしたものにしようか？　ふだんは見かけない珍しいものが安く売っているな……といったように、食材を絞り込んでいきます。

一例として、メインに厚切りの豚肉を選んだとします。さっぱり食べたいと思ったらソテーして、フレッシュなトマトとビネガーを効かせたソースを作る。こってりしたものがよければ、きのこと生クリームでクリーム煮に。

また、我が家の近くのスーパーでは、骨付きチキンが１本１００円で売られていることがあり、特売で見つけたら必ず買うようにしています。冷凍で小ぶりだけれど、身はしっかりついていてコンフィ（オイル煮）や煮込みにぴったり！　骨と一緒にじっくり煮込むとゼラチン質が出てうまみになります。行きつけのお店の得意な食材や特売情報を知っておくと、うまく定番料理として組み込むことができます。

魚は、旬のものから考えます。たとえば秋だと、「そろそろサンマの季節か〜」と食べたくなったり。すでに何度か買っているなら、「この間は和風で塩焼きにしたから、今回はスパイスでエスニック風にしてみようか」と味つけの方向性を変えてみたり。

副菜はメインを決めた後、バランスを見ながら考えます。「彩りになる温野菜のニンジンやブロッコリーを添えよう」とか、「野菜が少ないから、キャベツや玉ねぎがたっぷり入ったスープにしよう」などのように。

こんなふうにその日の状況でメインを選んで、調理法、味つけまで決めておく。そしてメインに合う副菜を考え、野菜売り場に戻るころには、もう献立は決まっています。

大前提として、旬のものはおいしいし、安いし、栄養価が高い。迷ったときは、旬の食材から選んでみましょう。ただし、同じものを食べ続けて栄養が偏《かたよ》ってしまわないように、ここ数日の間に食べたものを思い浮かべながら。

そして、買い物前には、冷蔵庫にある食材、ストックしている缶詰や乾物などの在庫チェックも忘れずに。むだのない買い物が、献立を考えるのをスムーズにしてくれます。

「同じものばかり
作ってしまう」は、
ひと工夫で解決できます

主婦の方々から圧倒的に多く聞くお悩みが、「献立がワンパターン」というもの。料理にかけられる時間はかぎられている。かつ、初めてのメニューに挑戦すると失敗してしまうことが多い。だから、「新しいメニューには手をつけづらい」と。結果、同じものを繰り返し作ってしまうのは、当然のことだと思います。でも、必ずしも新しいレシピを探す必要はありません。作り慣れた料理にひと工夫すればいいのです。

たとえば、ご自身が作り慣れた定番料理がしょうゆベースだとしたら、味噌を加えてみる。ごま油とニンニク、しょうがを加えれば中華風になりますし、トマト缶を加えればイタリアンに。生クリームで濃厚にするのもいいですね。味つけではなく材料の切り方を変えるだけでも、食感や味わいに変化が感じられます。

ふだん作っているものでも、ひと工夫であっという間にバリエーションがつけられるので、「こんなに簡単なことだったんだ！」と感じてもらえると思います。新たにレシピを覚えるという意識ではなく、いつものレシピの応用だと考えてみましょう。

「作り慣れた料理＝ベースになる芯」を持っていれば、自分なりの味にアレンジしやすいので、献立の悩みも減っていきますよ。

家にないものがあっても、諦めない

私はさまざまなご家庭の台所で料理をしますが、食材にしても調理道具にしても、毎回実際に行ってみないことには、何があるか、そして何がないのかがわかりません。

実は、料理をしていて「あ、○○がない！」という場面に直面したのは、この仕事を始めてから経験したことでした。料理人だったころは、作るメニューも作り方もすべて決まっているため、現場には食材も道具もなんでもそろっているのが当たり前でした。しかし、家庭だとそういうわけにはいきません。家政婦の仕事を始めた当初は「これがあったら、あの料理が作れるんだけどな」という状況に、戸惑うこともありました。

そんな環境が当たり前になってくると、「ないならないで、いくらでも代用できる」ということがわかってきます。食材であれば、食感や味が似たものを組み合わせられるようになりますし、調理道具もたくさんそろえなくても、たいていのことは乗り越えられます。そうすると、たくさんの調味料や調理道具で台所がごちゃごちゃすることも、慌てて材料を買い足しに行くこともしなくてよくなるんです。

あるもので作れるようになる代用のコツは、食材＆調味料編（90ページ）と調理道具編（130ページ）で、それぞれ詳しく紹介します。

作りおきは、あくまで「ついで」に

仕事では1週間分のごはんを3時間で作りおきしていますが、自宅では仕事から帰って30分程度で作ることが多いです。

あらためて作りおきをしようとすると、ある程度まとまった時間と気力、体力が必要なので、プライベートではなかなか難しいのが現実です。毎日のごはん作りの中で、多めに作って余ったらそれが結果的に作りおきになる……そんな「ついで」感覚で、できる範囲内にしています。

我が家の場合、たっぷり作って常備しているのは、ミートソースやホワイトソース。特にミートソースは、ちょこちょこ作るより、一度で多めに作ったほうがおいしいんです。少量だと、肉が柔らかくなる前に煮詰まってしまって十分にうまみが溶け出さず、柔らかさが足りなくなってしまうことも。あとはやはり、作るのにそれなりに手間がかかるので、どうせなら作れるときに大量に作って冷凍しておきたい……という気持ちも。野菜は玉ねぎだけでなく、冷蔵庫にちょっと残ったものを刻んで入れたりもします。

ホワイトソースも、思っているよりも簡単に作れるし、いろいろな料理に使えるので、ぜひ手作りしてほしいです。

難しい印象をお持ちの方が多いかもしれませんが、失敗しないコツは、牛乳を最初に加えたときにしっかり混ぜて、ダマをなくしておくこと。また、牛乳は少しずつ何度も何度も加えるのではなく、3〜4回に分けて加えて。1回に加える量が少ないと混ぜ方が足らなくなってしまい、ダマができる原因になります。

どちらも小分けにして冷凍保存しておけば、疲れて帰ってきた日の晩ごはんや休日のお手軽なランチにぴったり！　電子レンジで温め直すのも、1〜2分であっという間。ごはんにもパンにもパスタにも合うので、すごく使いやすいと思います。

私も2人目の子どもが生まれてから在宅で仕事をすることが増えたので、ちょい足しアレンジで、飽きずに楽しめるようにしています。

そのほかに作りおきにおすすめのメニューは、煮込み料理。

大鍋で作ってそのまま食卓に出せますし、余ったときのアレンジがしやすいからです。ワインや水でのばしてスープにしたり、ハーブを加えてパスタソースにしたり、肉を足してさらに煮込むこともできます。

ちなみに、食材を切って冷凍・冷蔵保存しておくということは、特にしていません。野菜も肉も、断面が少なく、かたまりのままのほうがおいしさが長持ちします。冷凍していてもスカスカになったり、水っぽくなることがありますよね。

切った後に鮮度や栄養をちゃんと維持するには、ラップやジッパー付きの保存バッグ、濡らしたペーパータオルが必要で、保存準備にかえって手間がかかるので、そのとき使う分だけを料理の合間に切っています。まとめて全部切るとなるとひと仕事ですが、料理をしながら火が通るのを待っている間などに切れば、むだがありません。

台所は常にきれいに。スピードも心の余裕も段違い

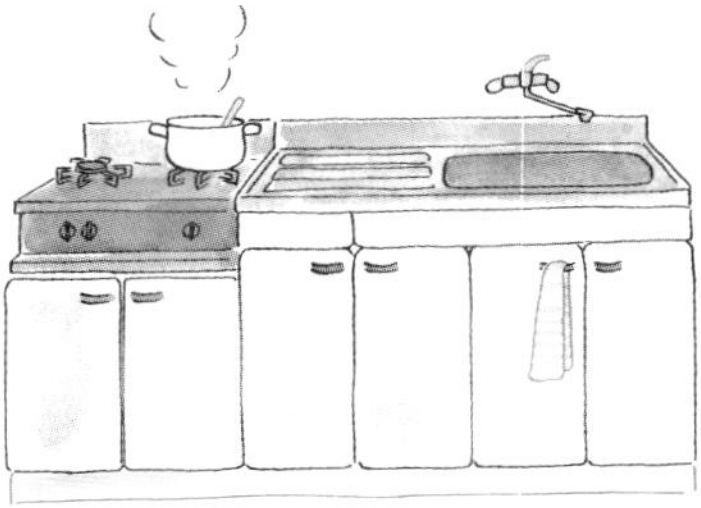

家政婦の仕事のタイムリミットは、3時間。15品前後の料理を作りながら片付けて、掃除や洗い物にかける時間は最終的には5分もないくらいでしょうか。

ガス台のコンロまわりの汚れは熱でどんどん落ちにくくなるので、油やふきこぼれで汚れが飛んだらその都度サッとふくと、最後の掃除がすごくラクに。気分もよくなり、料理する心に余裕が出てきます。そのために私はいつも、濡らしたペーパータオルやふきんを作業台に置いておき、こまめにコンロやシンクまわりをふくようにしています。

また、シンクは常に何もない状態にすることも心がけています。

それは、たとえば下ゆでしたほうれん草やペンネをざるに上げる、塩もみしたきゅうりやキャベツを絞るなどのシンクでの作業を、滞りなくするため。使った道具はすぐに洗い上げ、溜めないようにしています。そのためにも、なるべく多くの道具を使わないようにするなど、洗い物を増やさない工夫も大切です。

同じ調理工程を経《へ》るとしても、台所をきれいにすることを心がけるかどうかで、かかる時間やスムーズさは大きく違ってきます。これをクセにしておくことで、手際のよい料理が身についていきますよ。

「材料をすべて切っておく」から解放されよう

多くのレシピには、初めに食材の切り方や下処理法が書かれていると思います。たとえばカレーなら、「玉ねぎはくし切りにする」「ニンジンは乱切りにする」というように。私が初めにするのは、「食材を切る」ではなく「鍋をコンロに置く」こと。

鍋に油を引いたら、次に玉ねぎを切ります。それをまな板からそのまま鍋に入れて炒め始め、炒めながらニンジンを切って、鍋に入れます。ほかの材料も同様に続けていけば、切った食材でまな板がいっぱいになるわずらわしさは解消。さらに、切ったものを一度ボウルやバットに移す手間やそれによる洗い物も減らせて、時短になります。

食材を切る順番に意味があることも。カレーのように玉ねぎをじっくり炒めることでおいしくなる料理は、先ほどのプロセスを経《へ》ることで、食材をすべて最初に切っておく場合に比べて、玉ねぎの炒め時間を長くすることができます。

こういった小さな積み重ねで時間の短縮になるのですが、レシピに工程を細かく書くと読みにくくなってしまうので、省略されることがほとんど。書かれてある通りに、最初に材料をすべて切っておかなくてもいいんです。レシピには書かれていない動きも意識してみると、よりラクにおいしく作れると思います。

切り方にも、意味があります

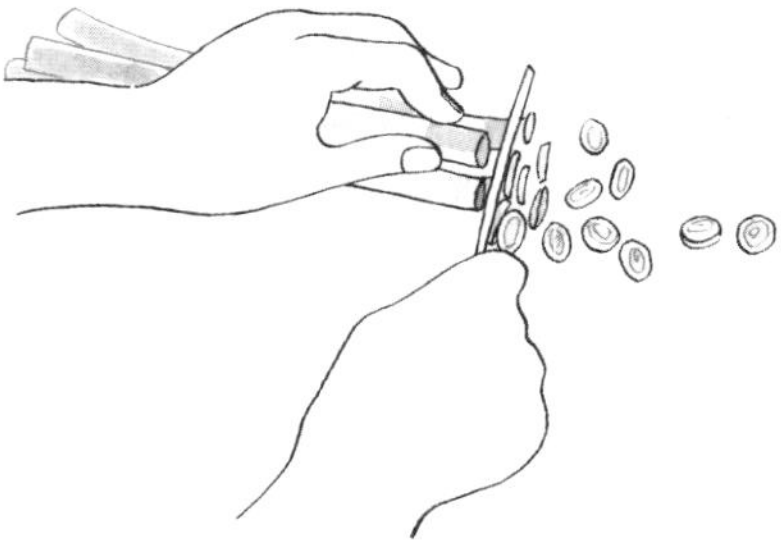

食材の切り方は、おいしさを左右する要素のひとつ。形や大きさをそろえると、火の入り方もそろって味が均等に入るので、格段においしくなります。仕上がりもきれいになり、視覚的な魅力も加わります。レストランでは、計りを使うなどして徹底しているところもあるほど大事な要素です。

家庭で材料を切るときは、まず、大きさをそろえることを優先してみてください。料理にもよりますが、細かく切るのが大変であれば、大きめに切ってもOKです。

また、切り方次第で、同じ食材でも表情や味わいが変化します。

たとえばトマトはくし切りにすることが多いと思いますが、トロッとした食感になる薄いスライスや、水分あふれる角切りにしてみると、いつもと違う雰囲気が楽しめます。

玉ねぎは、繊維に沿って切れば柔らかくなり、逆に繊維を断てば食感が出て存在感が生まれます（一般的には逆だと言われますが、私はこう考えています）。ズッキーニやなすを縞《しま》目にむくのは、見た目を美しく、味しみをよくするため。ポトフの根菜など、ゴロッと大きいままのほうがおいしくなる食材や調理方法もあります。

目指す食感や仕上がりに合わせて、切り方を選んでください。

台所に立ったら、「ゆでる」からスタート

いざ、台所に立って料理を始めるとき、まず何から取りかかりますか？

えーと、野菜を洗うところから始めて……と想像した人は多いのではないでしょうか？

私の場合、メニューにもよりますが、「水を入れた鍋をコンロにかける」から始めることが多いです。これは、「お湯が沸くのを待つ」時間を作らないため。

仕事で、複数の作りおきメニューを同時に作っていると、下ゆでするメニューがけっこうあります。いんげんのような豆類やほうれん草のような葉物野菜、春雨やマカロニといった麺類をゆでたり、ゴボウのあく抜きをしたり、ゆで卵を作ったり。

料理が始まってから途中段階で「ゆでる」の工程を入れてしまうと、お湯が沸くまで待っている時間ができてしまいますよね。タイミングによっては、ほかの鍋で火口がふさがっている可能性も。もし下ゆで作業があるなら、最初に鍋をコンロにかけてお湯を沸かす、を習慣にしてしまいましょう。

文字数がかぎられているレシピには書けないけれど、料理をスムーズにするためにも、おいしく作るためにも、実はすごく大事な段取りだと思っています。

ゆでる工程で注意したいのが、時間。

たとえばレシピに「2分下ゆでする」と書いてあっても、2人前と6人前の量を同じ鍋でゆでると、火の通りはまったく異なります。ゆでる食材の量が多いほど、入れた後のお湯の温度が一気に下がりますから、ゆで上がりの硬さが違ってきますよね。

また、下ゆでする際は、「たっぷりのお湯で」が基本です。少なめのお湯でたくさんの食材をゆでると、火が通るまでに時間がかかり、うまみも色も飛んでしまいます。熱の通り具合にもムラができやすくなります。さらに、鍋の中で食材がぶつかり合って煮崩れもおきやすい。レシピの指示は目安程度にして、食材の量と鍋の大きさのバランスを見ながら、仕上がりを調整してみてください。

ゆでる食材がいくつかあるときは、なるべく大きな鍋にお湯を沸かして、アクの少ないものから順に入れましょう。また、パスタをゆでるときに、同じ鍋で野菜をゆでるというのもアリです。

ちなみに、料理によっては下ゆでするお湯に塩を入れるものもありますが、つけ合わせや、特にピュレのための下ゆでをする際は不要です。メインの肉や魚に塩をしっかりしてうまみを引き出す分、薄味のほうがバランスがよくなります。

さて、「ゆでる」を始めたら、次に取りかかりたい工程は、「漬け込む」「水にさらす」「煮る」「蒸す」「炊く」。いずれも時間がそれなりにかかるもので、セットしてしまえばそのまま放っておけるので、同時進行で別のことができます。

逆に、最後にもってくるといい工程は、「焼く」「揚げる」。

焼きたてや揚げたてがおいしいということはもちろんですが、特に「揚げる」は油が飛んで調理台やコンロまわりが汚れてしまいますし、揚げ油の後処理があるので、途中で入れないようにしています。また、「焼く」「揚げる」ともに、その間あまり鍋の中を動かさなくていいので、ずっとコンロに張り付いていなくてＯＫ。鍋の音や匂いに感覚を向けつつ、洗い物など片付け作業をしてしまいます。

この「焼く」「揚げる」調理のポイントは、この後ご紹介しますので、ぜひ合わせて参考にしてみてください。

「焼く」ときは、
動かしすぎないで

肉も魚も、そして野菜も、「焼く」ときの鉄則は、とにかくむやみに動かさないこと。そうすることで焼き色がつきます。焼き色は、それ自体がうまみのかたまりなんです。また、食材のうまみが流れ出ないようにする壁としての役割もあります。

菜箸や木べらでずっとちょこちょこ動かしていると、焼き色がつかないばかりか、水分と一緒にうまみも逃げ出してしまいます。そうすると、肉はガチガチ、魚はパサパサ、野菜はベチョベチョ……という残念な状態に。適度な油を引いておけば、焼き始めた後は放っておいても意外と焦げつきません。

料理講座で実演していると、「焼いている間、そんなにコンロの前から離れちゃっていいんですか!?」と驚かれるくらいです。ずっと見ていると触りたくなってしまうので、何かほかの作業をしながら焼き具合を見ているくらいでちょうどいい。心配だと思いますが、勇気を出して距離をとってみましょう。ただし、大きいフライパンで少量の食材を焼くと温度がすぐ上がって焦げやすくなるので、なるべく食材の量に合ったフライパンを使うようにしてください。焼き始めてからしばらくしてシュワシュワと焼ける音が静かになってきたら焼き面を見てみて、ほどよい焼き色がついていたら返しましょう。

「揚げる」は、
コツをつかめば
簡単ごちそうに

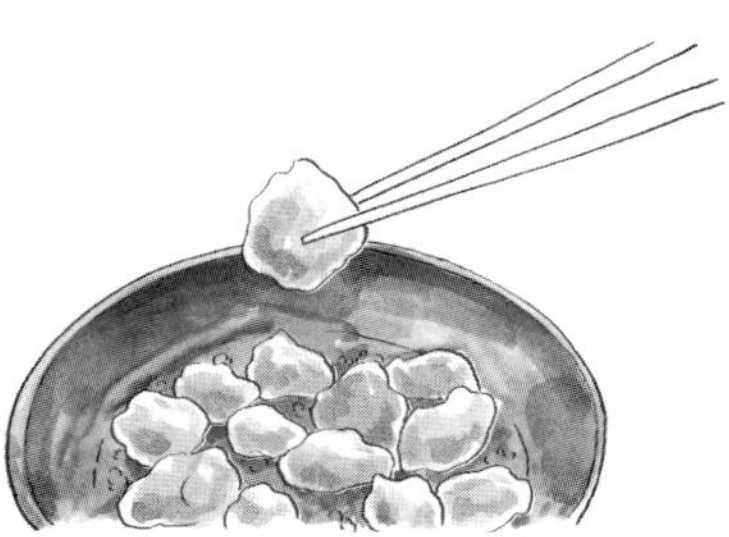

「家庭ではなかなか揚げ物を食べない」という声をよく聞きます。

揚げ加減が難しいし、油の後処理が面倒……というイメージが強いのかもしれませんね。ですが、実は揚げ物は、コツさえつかめば手軽にできるごちそうメニューなんです。

そのコツとはまず、揚げ上がりの合図をキャッチすること。

大切なのは、時間よりも合図。私自身は、揚げる時間を計ったことがありません。というのも、ヒレ肉1枚なのか、厚切り程度の肉を叩いてから揚げるのかなど、揚げる素材の状態によっても違いますし、油の深さによっても違うからです。

揚げ上がりの目安は、魚でも肉でも、パン粉の隙間から出てくる肉汁が固まってきたとき。チーズを使ったものなら、チーズが少しでも溶け出してきているか。

音も合わせて聴いておくと、タイミングがわかりやすいです。泡が大きくパチパチ大きな音がするうちは、まだ道半ば。泡が小さく、音も小さくなってきたら、素材から水分が抜けて「火が通ってきたよ～」という食材からの合図です。引き上げた後、余熱で火を通すのも大事なポイント。それにより、じんわり中までジューシーに仕上がります。

泡が完全になくなるまで揚げきってしまうと、パサパサになってしまいがちなので、引き上げどきをお見逃しなく。

さらに手軽にできておすすめの方法として、「揚げ焼き」があります。
少量の油で焼くように揚げる調理法です。具材が鍋の底についていて、その半分以上が油の上に出た状態になります。私は家政婦としてお客様のお宅で料理をするので、油をむだに使わないように、フライパンに深さ0・5cmくらいのわずかな油で揚げてしまいます。ただし少し時間がかかるので、食材の厚みによって1〜2cm程度で調整するのがよいでしょう。使う油の量が少ないので、後処理もラクです。

揚げ焼きのコツは、硬い野菜や肉や魚を生のまま揚げるときは、弱火でじっくり。食材が鍋の底にあたっているので、火を強くすると食材が焦げやすくなります。また、特に揚げ始めは衣がはがれやすいので、動かさないように。衣が鍋の底にくっついてしまっても、焼き色がきれいについてきたら上手にはがれますから、焦らずにいきましょう。

揚げ焼きの中でもより気軽なのは、すでに加熱された食材を使うこと。水分が多い食材を揚げるのは難しいのですが、すでに火が通った状態なら、パン粉がカリッとする程度に中火で揚げれば十分です。たとえば、魚のフライが不安ならサバ缶の身に衣をつけて揚げてみたり、レンジで火を通したささみにパン粉をつけて揚げてみたり。2回加熱することになるのでどうしてもうまみは減ってしまいますが、簡単なので、最初のステップとしては挑戦しやすいと思います。

ダイエット中の方や、がっつりした揚げ物だとすぐにお腹いっぱいになってしまうという方には、「オーブンで焼く」という手もあります。

衣をつけてオーブンシートにのせ、少量の油をかけてオーブンで焼く。素材から出てきた脂を吸って衣が色づくので、見た目は揚げ物ですが、揚げ物よりも軽くてヘルシー。

あとは、スコップドコロッケ風に、「炒ったパン粉をのせる」方法もあります。ニンニクとパン粉を少量の油と一緒にカラッと炒めて、豚肉のソテーなどにパラパラかけてあげるだけ。香ばしくて揚げ物の雰囲気を気負わずに楽しめますよ。

#「炒める」は、とにかく水気を避けること

「お店の炒め物はシャキシャキなのに、家で作るとベチャッとしてしまう……」

そう思ったことがある人は多いのではないでしょうか。

炒め物が水っぽくなってしまうのは、こわごわ弱火で火を通すことで、結果的に長く加熱してしまっているか、あるいは小さなフライパンいっぱいに野菜が入っていて蒸し焼き状態になっている、というケースが多いんです。いくつかポイントをおさえれば、家庭のコンロの火力でもお店の味に近づけることができます。

まず、野菜は洗った後、水分をしっかり取ってから切ること。そして、最初に野菜だけを炒めること。野菜と肉を一緒に炒めると、肉に火が通るまでの間に野菜が加熱されすぎて、水っぽくなってしまいます。また、ニンジンなど硬い野菜を先に炒め、ほかは時間差で加えていくことで、野菜同士でも火の通りにムラがなくなります。火加減は、基本的に強火で。そしてもうひとつ、野菜は炒め終えたらざるに上げること。余分な油が切れて、シャキッとした食感に。炒め物はとにかく〝水気〟に注意してください。

あとは塩・こしょうをした肉を炒めて野菜を戻し入れ、サッと合わせるだけ。味つけは、うまみの強い肉にしっかりめにしておけば、最後は好みで調整する程度でOKです。

「煮込み」料理こそ、忙しい人の味方

フランスの家庭料理によく登場する、「煮込み」料理。和食には、長時間煮込む調理方法のメニューが少ないこともあり、あまりなじみがないと感じる方もいるかもしれません。作り方はいたって簡単。塩・こしょうした食材を鍋で焼き目をつけて、そのままコンソメ、ワインやトマト缶などの水分を加え、強火で早めに沸騰させてアクを取ったら、弱火でじっくり煮るだけです。

放っておけるので、その間に別の家事をする、子どもと遊ぶなど、ほかのことをする時間が持てるんですね。さらに、冷凍保存に向いているのもポイント。たくさん作っておいて、2~3切れのパンと一緒にお弁当にしても。忙しい時期でも気持ちにゆとりが持てる調理方法で、頼りにしています。

火加減は、表面にポコポコと泡が立っているくらい沸騰しているのが理想。沸騰していないと火が入りにくくて味がしみ込まず、逆にボコボコと沸騰しすぎてしまっても煮崩れしやすいのでNGです。

このとき、注意したいのが材料に対する水の量。レシピの分量通りに計って入れても、鍋の大きさによって、具材に水がかぶるかかぶらないかが変わってきます。具材に水分がかぶっていないと熱も味も入り方にムラができてしまうので、レシピに書いていなかったとしても、かぶるくらいまで水を足しましょう。

最初は水分たっぷりでも徐々に煮詰まっていき、その加減を見て味の調整をします。

なので、レシピよりも水分を多くしたからといって、味が薄くなる心配はありません。

また、煮込み料理は一度冷めると味に深みが増すので、時間に余裕があれば冷ましておいて、食べる前にまた温め直してみてください。

煮込み料理は、アレンジのバリエーションが多彩なところも魅力です。

寒い季節は、肉を焼くときに小麦粉をまぶし、とろみを効かせてこってりと。それをコンソメで煮ておいて、最後の仕上げに生クリームや牛乳を加えると、クリーム煮になります。栄養をとりたいなというときは、水分を多めにしてたっぷりの野菜を加えて食べるスープのように仕上げることも。ハーブやカレー粉、ココナツなどとの相性もいいので、まったく同じ具材でも変化がつけやすく、飽きずに楽しめます。

フランスの伝統的な保存料理「コンフィ」（オイル煮）も、忙しい人の味方になる一品。塩・こしょうやニンニク、ハーブなどでマリネした食材を、ひたひたに浸かるくらいの油で煮るだけの簡単な調理法です。

弱火でじっくり煮るうちに、油の中で水分が飛んでいき、うまみが凝縮されます。食材自体の脂は油に溶け出していくので、意外と脂っこくなりません。肉はほかの調理法では味わえないほどしっとり柔らかく、野菜は糖度が増して甘みが感じられます。

すぐに食べきらない場合は、油に漬け込んだまま容器に入れて落としラップをし（もしくは保存用ジッパー付きバッグに入れ）、冷蔵庫保存を。疲れて帰ってきた日の夜ごはんのおかずや、おつまみにも最高です。

油をたくさん使うので一見もったいなく思えるかもしれませんが、残った油は炒め物やパスタソースなどに使うと、おいしさがランクアップ。ぜひ、活用してみてください。

「塩をふる」意味は
いろいろあります

フレンチではしょうゆや味噌、オイスターソースのようなうまみのある調味料を使うことはほとんどなく、基本的に塩だけで味を決めます。塩の調整に集中すれば、複雑な組み合わせのバランスに悩むことなくおいしくできるところが、フレンチってラクだなと私が思うゆえんです。

ただし、塩の役割は「味つけ」だけではありません。

塩の持つ力を存分に活かすコツを知っていると、フレンチ以外の料理にも応用できるので、毎日の料理がガラッと変わると思います。

まず、大きな役割として「うまみを引き出す」ということがあります。

塩をふることで、その素材ならではのうまみがしっかり感じられるようになります。

特に肉、魚、そしてトマトやきのこなどのうまみが強い食材には、しっかりめに塩をふるといいでしょう。野菜も、甘さやうまみがより引き出されます。

そして次に、「脱水」。

キャロットラペが代表的ですが、ひとつまみの塩で野菜を軽くもみ、5〜10分脱水させると、しんなりします。これにより、次に合わせる調味料の味が入っていきやすくなるのです。

脱水作用には、「臭みとり」の力もあります。特に魚で効果を発揮します。

この塩の基本的な役割を元に、食材別に塩の使い方のコツをお伝えしていきましょう。

野菜は、ラタトゥイユのような煮込みで最初に玉ねぎを炒めるときに、まず塩をひとつまみふってから炒めていきます。

このプロセスはカレーでも同じですが、水分を引き出しながらじっくり炒めることでうまみがアップするんですね。さらに残りの野菜を加えてもうひとふり。そうすることで野菜に汗をかかせて、うまみを凝縮させます。この後はトマト缶を入れ、サッと煮るだけでＯＫ。味見をして、足りないようであれば、最後に好みで調整して完成です。

魚は、余分な水気をペーパータオルでしっかり取るところから調理を開始。

焼く場合は、加熱する15分前に軽く塩をふっておき、さらに出てきた水分をペーパータオルでふき取って焼くと、臭みが抜けます。あまり鮮度のよくないものを焼くときに、特に違いを感じるはず。また、魚を丸ごと調理する場合は、全面に塩をするのはもちろん、お腹の中にも塩を忘れずにしておくと、うまみが偏《かたよ》ることなくいき渡ります。

肉は特に、下味にしっかりめに塩をふっておきます。後から煮込む料理でも、煮込むスープの中に塩を加えるのとではまったく仕上がりが変わります。

肉に対する塩分が弱いと、なんとなくぼやけた味になってしまうんです。肉はうまみのかたまりなので、「塩が入ることで肉を認識できる」といっても過言ではありません。

「味が決まらない」というお悩みを多く聞きますが、その原因は恐る恐るつけた薄すぎる下味であることが多いんです。初めに下味をしっかり入れておくと、後からあれこれ調味料を足さなくても味が決まる。思いきって、いつもの1・2〜1・5倍を目安に塩をふってみてください。

また、パスタもゆで汁に、飲んで「おいしい」と思えるくらいまで塩を加えることで、ソースの味を濃くするよりまろやかな塩味になります。

料理は、主役の食材に核になる味が入っていないとおいしさが感じられなくなってしまうので、それを知っておくだけで、何に塩を使うべきか見えてくると思います。

はずしてはいけないポイントだけわかっていれば、「前回はうまくいったけど、今回はいまいちだな」と、出来ばえがバラつくこともなくなっていくはずです。

ちなみに、どんな塩を使っていますか、とよく質問されますが、私の場合はブランドや産地などのこだわりは特にありません。

ただし、焼き塩を選ぶようにしています。さらさらしているので、均等にふりやすいんです。

たとえばチキンソテー。肉には厚いところと薄いところがありますが、厚みのある部分は塩を多めにします（全体にふるのではなく、こんなふうに食材の状態を意識することが大切です）。

こういうとき、しっとりした塩だとボテッとかたまりで落ちてしまって、調整が難しい。

そんなわけで、さらさらの焼き塩を貫いています。

塩は、お好みで取り出しやすい容器に入れ替え、指でつまんでふりかけるようにすると、手から伝わる感覚が研《と》ぎ澄《す》まされて、コントロールしやすくなりますよ。

素材の味を活かすことを考える

私のフランス料理の原点になっている一品があります。それは、キャベツやニンジンや玉ねぎなど、どの家庭にもある野菜でできる「農家の野菜スープ」です。

フランスの調理師学校でこのスープを習ったとき、ひと口食べた瞬間、それまで勝手に抱いていたフランス料理のイメージが大きく変わりました。気取らずシンプルなのに、豊かな味わい。野菜そのものが持つうまみに満ちたスープが体のすみずみにまでしみ渡って、幸福感に包まれる。こんな温かみのある料理を作りたい、と強く思いました。

素材が持っている味を活かす。そのためには、やみくもにたくさんの調味料を使うのは避けたいところです。調味料の種類が増えるとバランスが取りにくく、それだけでおいしく作る難易度が上がってしまいます。それよりも、食材のうまみを引き出すプロセスを上手に取り入れることが大切です。

調理シーン別に、おいしさの秘訣を探っていきましょう。

肉や魚を「焼く前」、そして玉ねぎなど野菜を「炒める前」に、ひとつまみの塩を加えるのは、お伝えした通り。これはさまざまな食材に通じます。

ただし、きのこ類は、たっぷりの油、強めの火力で焼き色がつくまで動かさずに焼き、塩は加熱後の仕上げにふるように。塩を先に加えると、水分と一緒にうまみが出るだけでなく、クタッとした食感に変わってしまうので、気をつけましょう。

ふたをして少ない水分でじわじわ煮る「蒸し煮」は、加熱する野菜自体の水分で煮るので、甘みやうまみが薄まらず、ギュッと凝縮されます。

肉や魚に下味をつけて焼き、炒めた野菜と合わせ、ワインやブイヨンなどの水分を少量加えます。野菜は、玉ねぎや白菜、キャベツ、大根など、水分の多いものが向いています。必ずふたをして、弱火になりすぎないように。鍋の中で素材が動く程度の火加減で、じんわり加熱していきます。

「焼く」は、加熱中についたフライパンのこびりつきは捨てないで、料理に加えて。

肉を焼くときはしっかり焼きつけたほうがおいしいというコツをご紹介しました（48ページ）。このとき、どうしてもこびりつきが生まれます。でも、これこそが素材のうまみ成分。フライパンにワイン、酒、あるいは水を入れて沸かし、木べらで焦げをこそげ落としてからコンソメやマスタードなどの好みの調味料を入れて煮詰め、ソースに仕上げます。焼いた後に煮込む場合も同じく、このこびりつきを溶け込ませた水分を必ず鍋に加えましょう。コクと深みがグッとアップします。

「煮込み」は、アクを取ってから味つけをします。

最初に強火で沸騰させてアクを出し、取り除いたら、ハーブやコンソメを入れます。アクをしっかり取ることで、雑味がなくなり、素材本来のおいしさが立ってきます。

まずはいつもの食材、いつもの料理でここに挙げたコツを実践していくと、食べたとたんに、「お！」と違いを実感していただけるのではないかと思います。

食材がもつよさをちゃんと引き出すことができたら、高級な食材を買ったり、手の込んだアレンジや特別な調理道具がなくても、思わずホッとするような心に届く料理を作ることがきっとできます。

米は、「炊く」だけでなく「ゆでる」という選択肢も

日本では、お米は「炊く」ものというイメージだと思います。私も、家では炊飯器で炊いて食べることが多いです。フランスでもお米をよく食べますが、お米は炊くのではなく「ゆでる」のが一般的。日本のように主食としてではなく、添え物にするイメージが強いですね。

たとえば、少量のお米をサッとゆでて、煮込み料理などのメイン料理に付け合わせとして添えたりします。

そのほか、ショートパスタ感覚で、ゆでた米を野菜とドレッシングであえてサラダにすることも。洗った米を、粘り気が出ないようたっぷりのお湯で芯がなくなるまでゆで、ざるに上げてぬめりを取ります。水気をよくきって、ミニトマトやきゅうり、卵やツナ、アンチョビなど、好みの具とあえれば完成です。

ゆでたお米はパラパラとしていて、炊いたお米とは違った食感が楽しめます。仕上がりの雰囲気も変わりますよね。

主食として食べ慣れたお米でも、調理法や使い方を変えてみるだけで、新鮮な印象に。お米の新しい食べ方として、ぜひ試していただきたいです。

あなどれない、ほんの小さな工夫

料理では、小さな工夫の積み重ねが、よりラクに早く作ることにつながっていきます。そこで、今日から取り入れられる小ワザをいくつかご紹介します。

●ニンニクの皮むき

ボウルにニンニクを皮つきのまま丸ごと入れてふたをし、両手で持って強くふります。衝撃で皮がはがれやすくなり、手で簡単に皮がむけます。もしくは、ぬるま湯につけておくという方法も。皮がふやけて、むきやすくなります。

●ニンニクやしょうがのすりおろし

おろすときに、おろし金にアルミ箔をかぶせるといいでしょう。刃の隙間に身が挟まらず、むだなく使いきれるうえに洗い物もラクに。

●玉ねぎの皮むき

頭かお尻部分に包丁を入れ、一皮残したところまで横にカット。皮をつなげたまま一気に引っぱります。残りは、頭部分を右手親指と包丁ではさむようにして皮を引っぱっていくとストレスなくスムーズです。

●長ねぎのみじん切り

長ねぎを転がしながら、包丁の先で表面に細かい切り目を入れておきます。後は小口切りにするだけで、簡単にきれいなみじん切りに。

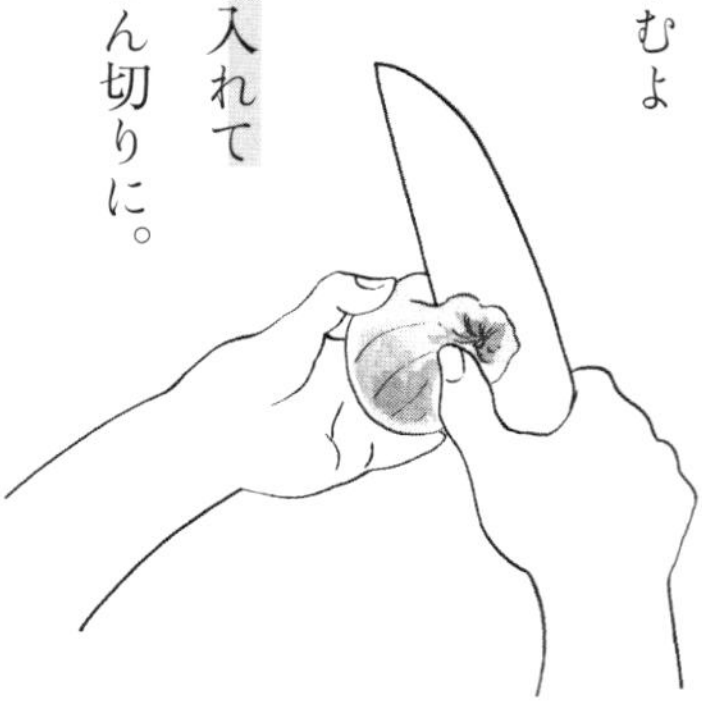

●トマトのヘタ取り

包丁をヘタの根元付近に差し込み、そのまま一周くるりと回すだけ。その際、刃の先に親指をあてながらやると、ラクにできますよ。

●卵の殻むき

意外と時間をとられる殻むき。ポイントは、ゆで終えた後、熱いうちに殻を割って水につけておくこと。殻の割れ目に水が入り込み、簡単にするりとむくことができます。

●肉や魚の下味

まな板に塩（ときにはこしょうも）をふっておき、そこに肉や魚をのせて上から塩をふれば、一気に両面に下味がつけられます。ひっくり返すひと手間をカット。

●シチューの具の下味

肉には、塩と一緒に砂糖をもみ込んでおく。砂糖には、タンパク質が熱で硬くなることを抑制して柔らかくする作用もあるので、煮込む時間を短くすることができます。

ひとつひとつはささいなことですが、実際にやってみると、いつもとの違いに気がつくはず。毎日の料理において、わずかなストレスをなくすのはとても大切なんです。

簡単であることは、日々の食事を楽しむためにとても大切な要素で、ラクすることは手抜きではなく、楽しむということだと思っています。

洗い物は後まわしにしないほうが、絶対にラク

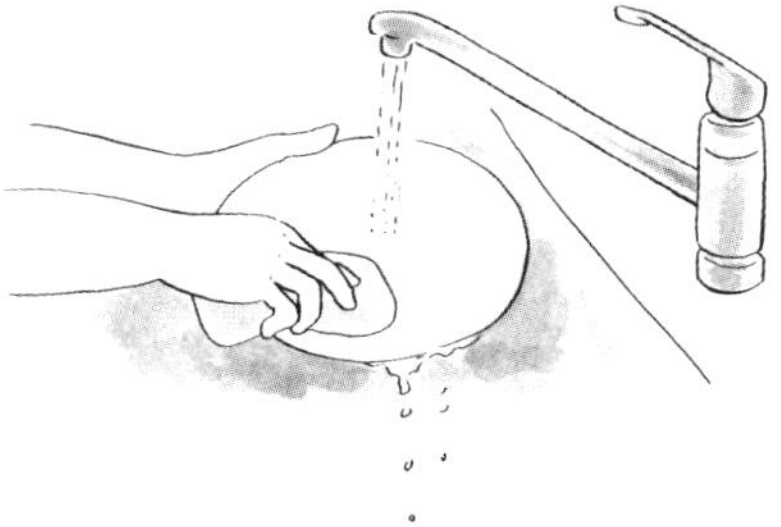

洗い物はなるべく溜めない、が信条です。

料理中、使いたい調理道具が洗われておらず、また新しいものを使ってしまう……それを繰り返していると、どんどん洗い物が増えていきますよね。我が家は台所が狭いので、シンクは第2の調理台。使った道具はこまめに洗ってよけ、常にスペースを空けておくことを心がけています。この習慣は何品も同時に作る家政婦の現場でも、役立っていますね。

理想は、料理を作り終えたときには、シンクの中が空であること。いざ食卓で食べ始めるときにも、心おきなく「いただきます」が言えます。

とはいえ、気の持ちようだけでは動けないもの。実は洗い物にもコツがあります。

ひとつは、汚れの種類を見極めること。

洗い物には、「水汚れ」と「油汚れ」の2種類があり、まずはこれを分類します。

野菜を洗っただけのボウル、サラダを水切りしただけのざる、下ゆでしただけの鍋などは、「水汚れ」もの。使ったらサッと洗ってよけておきます。シンクの中にずっと置いておくと、肉や魚を焼いたフライパンなどと重なって油汚れが移り、洗剤でゴシゴシ洗わなくてはいけなくなってしまいます。水汚れのものは、とにかくどんどんよけましょう。

「油汚れ」は、鍋などが多いですが、調理後の熱いうちのほうが落ちやすいです。冬は特に、ちょっと放置すると冷えて油が固まって、水も洗剤もたくさん使わないといけなくなってしまうので、早いうちに。

どうしてもシンクに置かざるをえないときは、蛇口から流れる水があたる場所に置いておくこと。蛇口から水を流す機会はたびたびあると思いますが、どうせ水を流すなら、その水が洗い物にあたるようにして、少しずつ汚れを流して洗いやすくしておきたいですよね。そして、手を洗うタイミングで洗うようにする。肉や魚を触ったとき、フライの衣をつけたときなど、手を洗う瞬間ってけっこう多いものです。

もうひとつのコツが、食後に洗い物をするときに、洗う食器の順を習慣づけておくことです。

具体的には、油汚れが少ない器やカトラリーを洗う↓メインの器や鍋を洗う、の順。

最初は、油分の少ないサラダの器やお味噌汁のお椀《わん》などからスタート。そうすると、サッと洗えて洗剤をつぎ足さなくていいんです。それらを洗っている間に流れ落ちる水にさらしておくだけで、油分の多いメインの器や鍋も汚れが落ちやすい状態になります。長いこと水につけておく必要もありません。しばらく水につけておいたほうがいいものは、焦げついた鍋くらいでしょうか。この場合は一気に洗おうとせず、少しずつふやかしながら落とすと、ゴシゴシこすらなくてもきれいに落ちて、鍋も傷つきません。

ギトギト系の油汚れは、一度ペーパータオルでふいてから、やはり熱いうちに洗うようにすると、労力がグッと減らせます。

料理が億劫《おっくう》だなという方は、この洗い物の労力がストレスになっていることも少なくないのではないでしょうか。単純なことのようで、調理中も食事中も気持ちよく過ごせるようになるので、ぜひ習慣にしてみてください。

器に盛りつけず、鍋ごとテーブルに出してみる

主菜と副菜以外にごはんとお味噌汁がつく「一汁三菜」スタイルの和食。それぞれの料理を作って、一品ずつ、一人分ずつ盛りつけをして……と、その準備にはすごく手間がかけられているなと感じます。一方、フランスの家庭料理は、鍋ごとドーンとテーブルに置いて各自取り分けることが多いです。各々の前には、取り皿が1枚ずつあるだけ。

どちらがいいということはないけれど、もし毎日の食事の準備が苦痛だと感じているならば、フランス流の楽しみ方を試していただくのもいいかもしれません。肉じゃがだって酢豚だっていい。ふだんの料理の出し方をちょっと変えてみるだけでいいんです。

たとえば、メインは鍋やフライパンのまま、もしくは大皿でテーブルへ。そうすると、各々が食べたいものを食べたい量だけ取り皿に取って食べられます。定番のカレーやシチューなんかも、食卓の真ん中にルウを煮込んだお鍋をそのまま置き、サラダは大皿に盛って出します。

取り皿は、大きめのものを1枚。フランス人は前菜からデザートまでを1枚のお皿で食べますが、日本はパンでお皿をふく習慣はないので、もしお皿の上で混在するのが気になる場合は、仕切りのあるプレートを活用してもいいと思います。

使う食器が大幅に減るので、洗い物がラクなのはなんともうれしいですね。

大皿に盛りつける際のポイントは、色合いです。

レタスのサラダなら、芯に近いあたりの白・中ほどの黄緑・外側の緑の3色すべてが混じって見えるようにお皿にのせましょう。ただちぎってのせるだけのレタスでも、同じ色しか見えていない状態とでは、印象が違ってきます。これは、料理の表情が変わっておいしそうに見える、ちょっとした気遣い。といっても、盛りつけに注力しすぎる必要はありません。最後に表面の見えるところを菜箸を使ってササッと整えるくらいでいいんです。

あとは、お子さんがいる家庭では、トッピング用にお子さんが好きなもの、たとえばミートボールやチーズ、ナッツなどの具材を別に置いておくという手も。こうすることで、選ぶ楽しさが生まれ、「今度はこれとこれを足してみよう」と、子どもが自分自身でチョイスできるようになっていきます。

小さなお子さんを持つお母さんからは、「せっかく子どもに料理を取り分けたのに、全部食べてくれない。イライラして『ちゃんと食べなさい！』と怒ってしまう」といったお悩みをよく聞きます。

それは日常的な出来事だと私も思っていたのですが、フランス人である夫や友人たちを見ていると、だれかほかの人が取り分けたものを「全部食べなさい」と言われるのは理不尽だ、という考え方なんです。ただし、自分で取り分けたのに食べきらなかったときは、ビシッとしかります。自分で取った料理は責任を持って食べきることがマナー、という認識なんですね。

人間ですから、お腹の空き具合や体調、気分によって、その日食べたいものや食べられる量は変わる。だからこそ、自分のことは自分でわかっていないといけない。子どもなりに、自分で決めれば、選択に責任を感じるようです。

確かにそういった理由なら、しかられても納得がいきますよね。自分で取り分けるスタイルは、食育にもいいんだなと学びました。

そしてもうひとつ、鍋や大皿を囲む大きな魅力は、みんなでワイワイ食べるので会話が生まれるところ。

「私はこの組み合わせが好き」とか、「次はチーズ入れてみようかな」というように。ヨーロッパの食卓に会話が多いのは、国民性や文化の違いだけでなく、料理の出し方にも理由があるんじゃないかなと思うほどです。

会話が弾むという意味では、ホームパーティにもおすすめ。人数が増えると大変だなと構えてしまうかもしれませんが、鍋やフライパンごと置いておくと、ボリュームがあって、豪華に見える。調理台で全員分取り分けてから運ぶより冷めにくく、テーブルにみんなそろってからアツアツの状態で食べられますし、盛りつけの時間もとられません。

何より、料理を作る人が台所に立ちっぱなしにならなくてすみます。

もちろん、「食卓に鍋を直置きするのは苦手」「素敵な器をたくさん並べて食べるのが好き」という方もいるでしょう。でも、忙しいとき、疲れているとき、こんなにラクな方法があると知っていれば、気負わずに食と向き合っていただけるのではないでしょうか。

私もフランス流を知って気楽になれたひとり。準備の苦をやわらげる一案が、楽しい食卓につながればと思います。

余裕がある日は、
お手軽デザートで
心にゆとりを

フランスではデザートも食事のうち。

家庭でも、前菜、メインに続いて、締めとなるデザートは大事な構成要素です。市販のものを買うこともありますが、自宅でお菓子を作るのは日常的な光景。料理のついでにできるような、簡単でシンプルなメニューがたくさんあるんです。

手軽なものから始めるなら、フルーツを使ったデザートはいかがでしょう。フルーツはそれだけでおいしいですが、少し手を加えることで特別感のある一品になります。

季節のフルーツはおいしいですし、一年中手に入りやすいりんごやバナナは、焼くことで甘さが増します。ひと口大に切ってフライパンにバターを溶かして焼いたら、砂糖をちょっとまぶしてキャラメル状に煮詰める。もしあれば、仕上げにラム酒やシナモンを加えて香りづけ。バニラアイスを添えると、スペシャルなデザートに早変わりです。冷凍パイシートがあれば、甘く煮詰めたところで耐熱皿に入れてパイシートをかぶせ、オーブンで焼き上げるだけで、おもてなしにも活躍してくれます。

作るのも食べるのも楽しいデザート。この一皿で、忙しい毎日の中にほんのりとした心のゆとりが生まれます。余裕があるときにはぜひ、作ってみてください。

Part 3

食材＆調味料編

食材の「代用」を覚えると、グッとラクになる

料理人としてレストランで働いていた時代は、厨房に材料も調理道具もそろっていて、完璧に決まったレシピで料理を作っていました。そこから、料理人の仕事を離れてフランス人である夫と結婚し、母国の料理を食べさせてあげたいなと思って作り始めたときに、「あれ？　厨房じゃなくても作れるじゃん！」と気づいたんです。
「あれもこれも食べてほしい！」と思ってやってみたら、意外と家庭の台所でもできることがあるんだなとわかりました。

そして家政婦の仕事を始めたのですが、やはり料理人のときの仕事との違いには戸惑いました。絶対にそこにあるものだけで作らなければならないというのは、自宅でもあまりないことですし、レストランの仕事とはむしろ真逆。しかし、そんな環境だったからこそ、「なんとかしてみよう」という気持ちが生まれたのです。

家政婦としてお客様のお宅に行くようになると、同じ状況や環境ってなかなかなくて、行ってみないとわからない。毎週伺うおうちでも、当たり前なのですが、冷蔵庫にある食材は毎回違うんですね。

始めたばかりのころは余裕がなかったので、絶対に失敗がない作り慣れたメニューにしていました。でも、続けていく中でお客様ご自身やご家族のことを知るうちに、もっといろいろな料理を食べていただきたいという思いが強くなって、食材を「代用」することを試みるように。１００％本来の味にするのは無理だけれど、それに近いものはできると考えるようになりました。

たとえば、洋食メニューのレシピには「生クリームを入れる」という工程がよく書いてあるけれど、おうちの冷蔵庫に常備している人はほとんどいません。では、どうするか。牛乳で代用するんです。でもそれだけでは少し水っぽいから、小麦粉とバターでとろみを加えて厚みを出そう、と工夫してみます。

また、私は自宅では作りおきはあまりせず、その日食べたいものを作ることが多いのですが、忙しいからとか暑いからとか雨だからとかで、近くのスーパーに出かけるのさえ億劫《おっくう》な日もあります。「ラザニアを作ろうと思ったのに、ラザニア用のパスタがない！」「カレーが食べたいけどじゃがいもがない」……そんな状況も日常茶飯事。

そんなときは、ラザニア用パスタの代わりに、同じパスタ類で味が近いマカロニや、味がほどよく薄いなすをスライスして使ったり。じゃがいもは、かぼちゃやさつまいもで代用して、甘くなる分少し量は減らす。そんなちょっとした調節で乗り切ります。

「代用するなら形や食感が似たもので」と覚えておけばいいと思います。

酢豚を例に、もう少し詳しく考えてみましょう。

酢豚の基本の材料といえば、玉ねぎ、ピーマン、ニンジンですよね。でも考えてみると、「カラフルで甘酢が効いている」のが酢豚のいいところであり、〝らしさ〟ではないでしょうか。必ずしも基本の材料を使わなくても、ニンジンじゃなくてパプリカで赤を足してもいいし、玉ねぎの代わりにさつまいもやレンコンでもいい。少しでも色や形の変化がある野菜を使うようにします。

ただし、ニンジンの代わりにパプリカを使うとなると、同じように炒めることで柔らかくなりすぎてドロッとしてしまう。そこで、仕上げに強火で炒める程度にすると、シャキッとおいしくなります。さつまいもを使う場合は少し甘味が付加されるので、味つけは甘さを控えめに、酸味が効いたたれにする。

メインのタンパク質食材も豚肉である必要はなく、ひき肉のミートボールや鶏肉でもいいし、魚でもいい。魚の場合は柔らかいので、衣をつけて先にカリッと揚げてから甘酢餡《あん》とからめてあげる。

イメージしてみると、「代用って、なんだか簡単に作れそう！」と思えてきたのではないでしょうか。

大事なのは、本来のレシピの材料と代用した材料では何が違うのか。

これを自分でよく把握しておかないと、おかしな味になってしまいます。違いを見すごして元のレシピ通りの火加減や味つけで作ると、差が際立って「やっぱりレシピ通りじゃないからおいしくなかった」という事態になりやすいんです。

味、食感、水分量、色合いなど、よさを活かしつつ「どういう方向にもっていきたいか」と考えてアレンジしていくと、レシピを見なくてもどんどんアイデアが湧いてくるようになります。

家庭では余った食材は必ず出てきますし、その都度買いに行く労力や残った食材をむだにしないことを考えれば、残り物でやりくりする必要もでてきますよね。決まったレシピに縛られすぎては、ストレスのもと。家にある食材で代用して、料理をもっとラクにおいしくしていきましょう。

くず野菜は捨てないで。
使い道いろいろ！

プロの技の中で、家庭料理にもどんどん取り入れるようにしているのが、くず野菜の活用です。ふだんは捨ててしまうようなところも、役に立つものがたくさんあります。

ニンジンの皮や切れ端、干からびてきたねぎは、煮込み料理に加えると、うまみや甘みをプラスでき、これだけでワンランク上の味わいに。大根やカブの葉はサッとゆで、煮物やスープの仕上げにちらせば、一皿がパッと華やぐ彩り野菜に。セロリの茎や葉はハーブ代わりに、焼く前にマリネする肉や魚に加えれば、香りや風味が出せるんですね。

「スープを作りたいのに、コンソメを買い忘れちゃった！」というときは、主菜や副菜を作りながら残ったくず野菜を、まるっと水を張った鍋に入れ、白ワイン、酢、こしょうを少々入れて火にかけておけば、洋風だしがとれます。

師匠だったシェフには、むだのない仕事を徹底的に叩き込まれました。むいた野菜の皮やおろした魚の骨、肉のスジだったとしても、だしとして使ったり、料理に使うことを教わりました。ゴミにしてしまえば何も生み出さないけれど、とっておいて上手に使えたら、料理がおいしくなってお客様に喜んでもらえる。どんなものでも、大切に使いきること。厳しかったけれど、今でも私の料理を支えてくれている教えです。

ワインを取り入れてみる

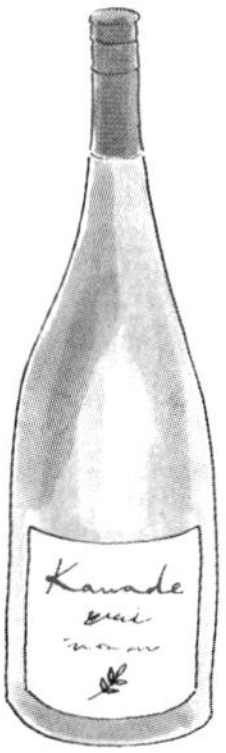

和食に料理酒があるように、洋食にも料理用ワインがあります。

ただ私は、レストランで働いていたころから、より濃さのある飲む用のワインを使っていました。安いもので問題ないので、ご家庭でもできれば飲む用のワインを使ってみてください。赤なら濃いめ、白なら辛口がおすすめです。

では、ワインをどのように日々の料理に取り入れたらいいかというと、いつもなら和の料理酒を使っているところを、ワインに変えるだけ。食べ慣れた味にも簡単に変化がつけられます。

たとえば、根菜と鶏肉の煮物。鶏肉を炒めて、角切りにしたニンジンやじゃがいもを炒め、料理酒やしょうゆ、だしを加えて煮る……というおなじみの作り方。このうち、料理酒を白ワインに、だしをコンソメと水にチェンジすれば、もう洋風煮物のできあがり。これも「代用」のひとつですね。レシピをわざわざ調べなくても自分でアレンジして、別のメニューに味変できるんです。

今では日本でもリーズナブルになっているワイン。スーパーやコンビニでも1本400円くらいのものから置いてあると思いますので、ぜひ活用してみてください。

調味料も、似たもので「代用」できます

台所の棚や冷蔵庫にずらりと並んだ調味料。

「素敵な見た目にテンションが上がって買いそろえてみたけれど、使い方がわからないものばかり」「1回しか使わなかったのに、いつの間にか賞味期限が切れちゃった！」というのは、家政婦の現場でお客様からよく聞くお話です。

それもそのはず。毎日のごはんは、忙しいなかで作るもの。選ぶレシピは自然とシンプルなものが多くなり、使う調味料もかぎられてくるからです。

ですので、使い道が限定されるような、特別な調味料を持つ必要はありません。

和食は、しょうゆ、みりん、だし

洋食は、塩、こしょう、コンソメ、オリーブオイル

中華は、ニンニク、しょうが、ごま油

などを特によく使います。これらを使いながら、和食は砂糖でコクを出し、米酢でさっぱり仕上げる。洋食はバターやマスタードがあるとフランスの家庭料理の雰囲気が出ますし、ニンニクや唐辛子を効かせればイタリアンに。中華は鶏ガラスープを加えれば

あっさり、味噌やオイスターソースならこっくり。少し足すだけで、何通りもの料理にアレンジできます。

どんなご家庭でも使わない調味料ってあるもので、たまに引っぱり出してくるとカピカピになっていたり、風味が落ちてしまったり。特に、味噌系は時間がたつほど味が濃くなってしまいます。それであれば、その場で手持ちの調味料を合わせてチャチャッと作ってしまったほうがおいしくできますよね。

たとえば、我が家は子どもが小さいので、豆板醤《トウバンジャン》は持っていませんが、甜麺醤《テンメンジャン》は、味噌、砂糖、しょうゆを合わせることで代用することもあります。加えて、料理全体にしょうがとニンニクを効かせることで、中華らしさをプラス。仕上げにごま油で香りを立たせるなど、ほんのひと手間の工夫で、代用してもはずさない味に仕上げることができるのです。

そのほかの例として、白ワインはお酒（料理酒）で代用できます。99ページで「お酒の代わりにワインを」とお話ししましたが、その逆ですね。ただこの場合は、塩分を考慮して味つけは薄めに。もしあれば、白ワインビネガーも少々加える。ワインビネガーはぶどうを原料にしたお酢の一種ですが、白ワイン自体にも酸味があるので方向としては近いのです。量は抑えて、風味づけ程度に。

次に、タマリンド。エスニックでよく使われるタマリンドは果物の一種で、ペースト状のものは調味料として使われることも。これは、梅干しで代用できます。酸味とねっとりとした質感が似ているので、タマリンドの代わりとして適しています。

フランス料理には、ブイヤベース（魚介を使った煮込み料理）などに使われる「フュメ・ド・ポアソン」という魚のだしがあります。これを家庭で準備するのは難しいかもしれませんが、代わりにだしパックやサバ缶の汁を使えば味を近づけることができますよ。

フランス料理のシェフが使う素材をそのままそろえることは家庭ではなかなかできま

せんが、だからといって家庭でフランス料理が作れないわけではないのです。

食材だけでなく、調味料も似たようなものはいくらでもある。

その「似たもの」を探そう、とお客様の台所でちょっとずつ発見していきました。レシピに忠実な調味料でなくとも、あるものでちゃんとやりくりできて、喜んでいただけたことが自信になっています。

自分がよく使う好みの調味料は常備しておき、出番が少ないものは、別の何かで代用することを考えてみてもいいかもしれません。今お持ちの調味料もシンプルに選抜してみると、賞味期限に追われることなく、棚や冷蔵庫もスッキリしていくはずです。

味噌

スパイスで、定番料理に変化をつける

日本では、和・洋・中・エスニックと幅広いジャンルの料理を家庭で楽しむ文化があり、そこが豊かだなと思っています。調味料はシンプルに、とお伝えしましたが、スパイスをいくつか持っていると、即席でバリエーションを広げられます。

とはいえ、クセや辛さなどには好き嫌いがあると思います。使いやすいことが大事ですから、たくさんの種類をそろえる必要はありません。好きなスパイスを見つけて、作り慣れたいつもの料理にちょこっと加えるだけでいいんです。

たとえば、定番のミートソース。カレー粉を加えればインド料理風に、クミンやコリアンダーならエスニック風、チリパウダーならメキシカン風になります。同じミートソースでも、小さじ1杯入れるだけで、ガラッと印象が変わります。各地域の料理の作り方を詳しく知らなくたって、雰囲気を味わえるんです。

スパイスを存分に活かすために気をつけたいのは、「これはハンバーグ用のスパイス」「これは煮込み用のスパイス」といったように、用途を限定してしまわないこと。

ハンバーグでよく使われるナツメグは、ポークソテーに塩・こしょうするときに一緒に加えても。

スパイスがミックスされたカレー粉は、こしょうのような感覚で、野菜炒めの最後にひとふりしてスパイシーに。から揚げの衣に混ぜれば、フライドチキンみたいに。

クミンは、酢やオイルとの相性がいいので、マリネ液や、ご自宅にある市販のドレッシングに加えてみても変化が楽しめます。

さわやかなコリアンダーは魚につけて焼いたり、トマト煮に少し加えるだけでも、エスニックの雰囲気を出すことができますよ。

お子さんがいる家庭では、「スパイスって、子どもは苦手なのでは？」と敬遠されている方もいるかもしれません。我が家にもふたりの子どもがいますが、使う量を抑えてあげれば食べられるものがいろいろあります。ひき肉やチーズといった子どもが好きな食材と合わせて使うと、さらに食べやすくなるのでおすすめです。

好き嫌いが決まる前に多様な味を経験させてあげることで、味覚が広がっていく。食べることを楽しむうえでも、すごく大切なことだと考えています。

大人のみなさんは、献立に迷ったときや、最近マンネリ気味だなというときこそ活用してみてください。しょうが焼きなどの焼き料理や炒め物、味噌汁やスープなどの汁物にも合います。肉や魚には、塩・こしょうをした後にパパッとふって焼くだけでも華やかになりますよ。

スパイスは、手軽に変化をつけられるのがいいところ。自由な発想で、気軽に試してみましょう。

ソーセージとベーコンで、物足りなさを解消

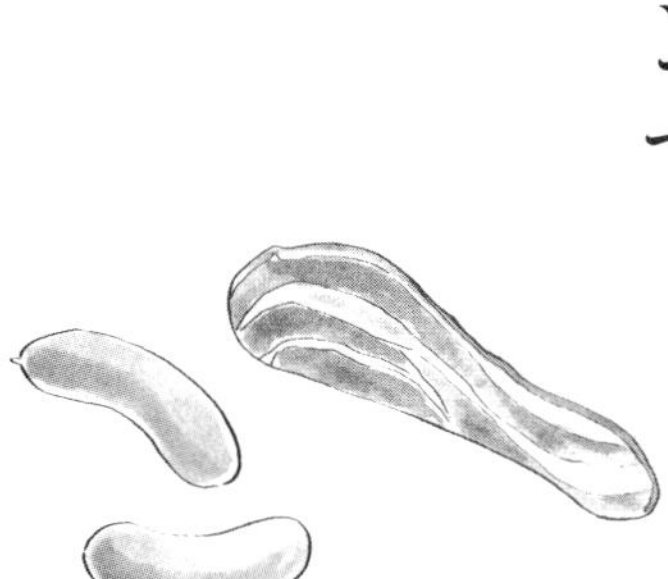

手に入れやすく、どこのご家庭の冷蔵庫でも見かける、ソーセージとベーコン。難しいテクニックいらずで香りやうまみを足せる、ありがたい食材です。

野菜をたくさん食べたいというとき、生のままだと量は食べられないので、私はよくブレゼ（蒸し煮）にします。キャベツやニンジン、じゃがいも、玉ねぎなどのたっぷりの野菜に少量の水か白ワインをまわしかけ、コンソメと、ベーコン、またはソーセージを一緒に入れ、ふたをしてじっくり蒸し煮に。野菜を煮るだけだとやや物足りなくなってしまうところを、ベーコンやソーセージがアクセントになって、飽きずに食べられます。

また、ロールキャベツも塩加減によって味がぼやけてしまいがちですが、ソーセージやベーコンを加えると、複数の肉の掛け合わせでスープに深みが出ます。薄切りベーコンの場合は、風味が飛んでしまわないように、最後に加えてひと煮立ちさせてください。

フライパンで焼き色をつけたベーコンは、グリーンサラダやポテトサラダに足すと味が締まって食べごたえがアップ。レバーソテーを作るときには、薄切りベーコンと炒め合わせれば、ベーコンの燻製の香りがレバーの臭みを抑えてくれます。じわっとうまみが広がり、格段に食べやすくなりますよ。

タイムとローリエで、
手軽にランクアップ

調味料はシンプルにするとしても、欠かせないのがハーブのタイムとローリエ。このふたつがあるだけで香り高く、たちまち本格的なフレンチになります。

生のフレッシュタイプはクセが強すぎずやさしい風味ですが、手に入りにくく高価なものも多いので、ふだん使いには向かないかもしれません。おすすめは、カラカラに乾燥したドライタイプ。風味がマイルドで、長く保存もできて便利です。

ドライタイプは、ローストポークにのせてオーブンで焼く、トマト煮に入れて煮込むなど、加熱する料理ならなんでも使えます。煮込みの場合は、アクをすくってから入れるのがポイント。フレッシュハーブがお好きな方は、最後の仕上げに。油で焼いてあげるとふわっと香りが立ちます。そのまま盛りつけに添えれば、お皿の彩りにも。

タイムとローリエが手に入りにくい場合は、セロリ、紫蘇《しそ》、ねぎ、せりなど香りのある野菜で代用できます。セロリは刻んだ葉を魚にまぶしてフライにする、煮込みに加えるなどすれば、さわやかな風味に。バジルの仲間である紫蘇は、ニンニク、しょうが、レモンなどと一緒に肉団子に混ぜてエキゾチックな味わいに。

香りや風味を加えるだけで、変化がついて高級感もアップします。

意外と使える「すね肉」

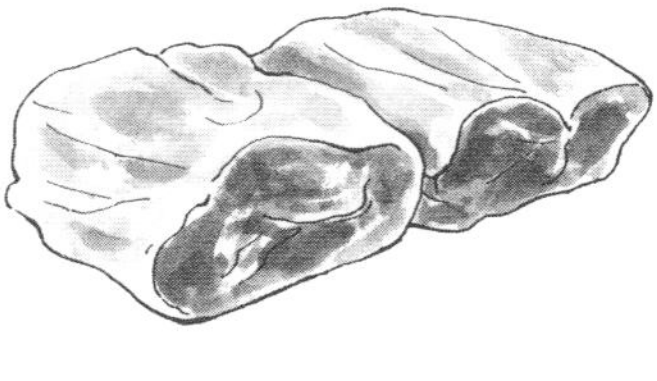

私がスーパーで見つけるとつい買ってしまうのが、すね肉。

牛や豚のほかの部位と比較すると安く手に入ります。日本の家庭であまり浸透していないのは、煮込むのに時間がかかるからでしょうか。

すじが多くて硬い部位なのですが、ゼラチン質のコラーゲンがたっぷり入っていて、長時間煮込んでいくとトロッとして、子どもでも食べやすいくらいに柔らかくなります。

基本は、塩、こしょう、小麦粉をまぶし、鍋にオリーブオイルを引いて薄く焼き色がつくまで焼いてから、少量の白ワイン（あれば）とひたひたの水、コンソメ、ローリエ、ニンジンや玉ねぎなどの野菜を加えてことこと煮るだけ。最後に生クリームを加えれば、ちょっと特別感のあるレストランの味に早変わり。もしくは、トマト缶を加えればトマト煮込みにもなりますし、カレールウを加えれば牛すじカレーにも応用できます。

シンプルな調理工程でも、メインの食材をちょっと変えてみるだけでひと味違った雰囲気に。こういったポイントがわかると、アレンジ力がついて献立を考えるのも楽しくなります。「新しい料理にチャレンジするのに勇気がいる」という方にこそ、試していただきたい食材です。

あると助かる、缶詰

ストックに最適といえば、缶詰。常備しておけばいざというときに助かりますし、アレンジにも役立ちます。我が家では、次の4種類が常連です。

まずひとつ目は、トマト缶。

これはとにかくよく使います。トマト缶を使った料理はバリエーションが豊富。ホールタイプも便利ですが、つぶす手間のないカットタイプがより使いやすくておすすめです。炒めた玉ねぎと一緒に煮詰めておけば、鶏肉や豚肉のソテー、パスタのソースに。また、水でのばしてコンソメを加えて、スープにしても。

ふたつ目は、ツナ缶。

ツナ缶も使い道がいろいろあって便利です。私が自宅でよくやるのは、ドレッシングに混ぜてサラダにかけたり、肉の代わりとして煮込み料理に入れたり。または、ワインビネガーとマヨネーズとあえてソースに。ゆでた鶏肉や野菜、ソテーした白身魚にかけるだけで、シンプルな調理法でもコクのある味わいの一品になります。

みっつ目は、サバの水煮缶。

人気が高く、スーパーだけでなくコンビニにも置かれていますよね。１０３ページでもふれましたが、サバ缶の缶汁はだしの代わりになります。カブと小松菜、厚揚げなどを煮て、仕上げにサバの身を合わせると、立派なメインディッシュに。野菜だけだと副菜になりますが、サバ缶を加えるとそれだけで主菜に格上げできるのがいいですね。

そのほか、53ページで紹介したように揚げたり、カレーに加えたり。ひき肉の代わりにコロッケの具にするのも一案。特別な味つけなしでも、香ばしくおいしくなります。

よっつ目は、ミックスビーンズ缶。

食感のアクセントにするならこれがいち押し。フランスの家庭料理では豆をよく使います。彩りと栄養があって、煮崩れしない点でも優秀。トマト煮、サラダ、スープ、味噌汁にも使っています。

長期保存もできて、なにかと便利な缶詰。ぜひもっと活用してみてください。

Part 4

調理道具編

調理道具は、「使いやすさ」ファースト

我が家には、特別な調理道具はありません。

「自宅ではプロ仕様のすごいものを使っているのでは？」とよく聞かれるのですが、レストランの厨房にある道具からご家庭にある100円均一グッズまでいろいろ使ってきて、ごく普通の道具がいちばん使いやすいなと思っています。

鍋ならば、フッ素樹脂コーティングされたものを使っています。愛用しているのは「ティファール」。取っ手がとれることで日本でもおなじみ、フランスのメーカーですね。

焦げつきにくいのはもちろん、取っ手をはずしてオーブンにそのまま入れられるのが便利。浅めのフライパンでグラタンやドリアを作って、オーブンから出してそのまま食卓に並べることもよくあります。積み重ねてコンパクトに収納できるので、我が家の狭い台所もスッキリ！　そして何より、軽いことが料理の負担感を減らしてくれます。

最近はおしゃれな調理道具や便利グッズが増え、お客様のご自宅で見かける機会もあります。たとえば重たくてがっしりした鉄の鍋などはかっこいいけれど、ふだんは出番が少ないのか、台所収納の奥にしまい込まれていることが珍しくありません。

鋳物《いもの》の鍋などは、慣れていないと疲れてしまいますし、お手入れもちゃんとしてあげる必要がある。もちろん、だからこそおいしくなる料理もあります。でも、毎日の料理には「使いやすい」という目線で選ぶのが間違いないと思います。

いざ選ぶとき重要なのは、大きさの違うものであること。鍋もフライパンも、それぞれ大・小サイズでふたつずつ持っておくと作りやすくなります。

たとえば、鍋で鶏のクリーム煮を作るとき。小さい鍋しかない場合、中身がポコポコ沸いてくるとあふれてしまうので、思わず弱火にする。そうすると、鍋の中が窮屈で食材が動けず、全体がうまく煮えません。なのでこの場合は、大きい鍋を使いたいところ。味噌汁やゆで卵を作るなら、むしろ小さい鍋が向いています。作るものやその量によって、鍋の大きさを変えたほうがいいんです。

次にフライパンの例として、サーモンを2枚焼くときをイメージしてみましょう。大きいサイズだと、隙間が多くできることで熱くなりすぎ、焦げやすくなります。サーモン同士がくっつかない程度におさまる小サイズを使えば、熱が均一に行き渡ります。

大きいフライパンの難点があるとすれば、火が中央だけにあたって焼きムラができやすいこと。

そうは言っても、その日の献立によっては小さいサイズを別の料理ですでに使っていることがあるかもしれませんし、ひとり暮らしの方や物を極力持たないようにされている方には、大きいサイズひとつしかない場合もあるでしょう。その場合は、焼いている途中でフライパン自体の向きを変えてあげる。中身のサーモンを動かしてしまうのは、身が崩れやすくなるので、避けてくださいね。

家政婦の仕事を通して、伺ったお宅にあるさまざまな調理道具で料理をする技術が身につきました。道具の形状もサイズも違えば、どこにどのように収納されているかも違うという環境で見えてきたのは、本当に必要な道具はかぎられているということです。あれこれ買い足さなくても、鍋とフライパンが大小ふたつずつあれば、「ゆでる」「煮る」「焼く」「炒める」「揚げる」「蒸す」すべてに対応できます。

使いやすいものに絞って面倒な作業を省《はぶ》けば、料理がよりはかどりますよ。

ざるは、ひとつで何役もこなします

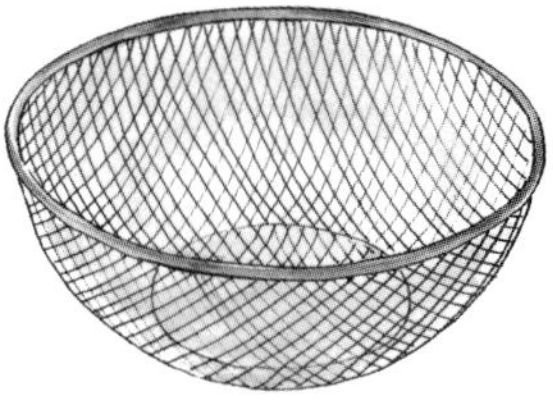

きっとどのご家庭にもある、ざる。

「使いやすい」を第一にざるを選ぶなら、ステンレス製の網目が細かいメッシュタイプをおすすめします。平面部分が多いパンチングタイプに比べて目詰まりしにくく、水がサッと流れます。水切れがいいので洗いやすいです。

網目が細かいものは小麦粉や粉糖をかけるときのふるいとしても使うことができます。

また、サラダスピナー代わりに使えるのもポイント。洗ってひと口大にしたレタスやキャベツをざるに入れ、少し大きめのボウルをふたをするようにかぶせて上下にふるだけで、きちんと水気がきれます。

ほかに、野菜のピュレを作るときのこし器としても活躍します。

我が家では、じゃがいものピュレ、いわゆるマッシュポテトをよく作りますが、柔らかくゆでてギュッと押し付ければ、ざるでもなめらかな口当たりに！　同じ要領で、ブロッコリーやニンジンも手軽にピュレにできますし、ポタージュ、離乳食にも応用できます。

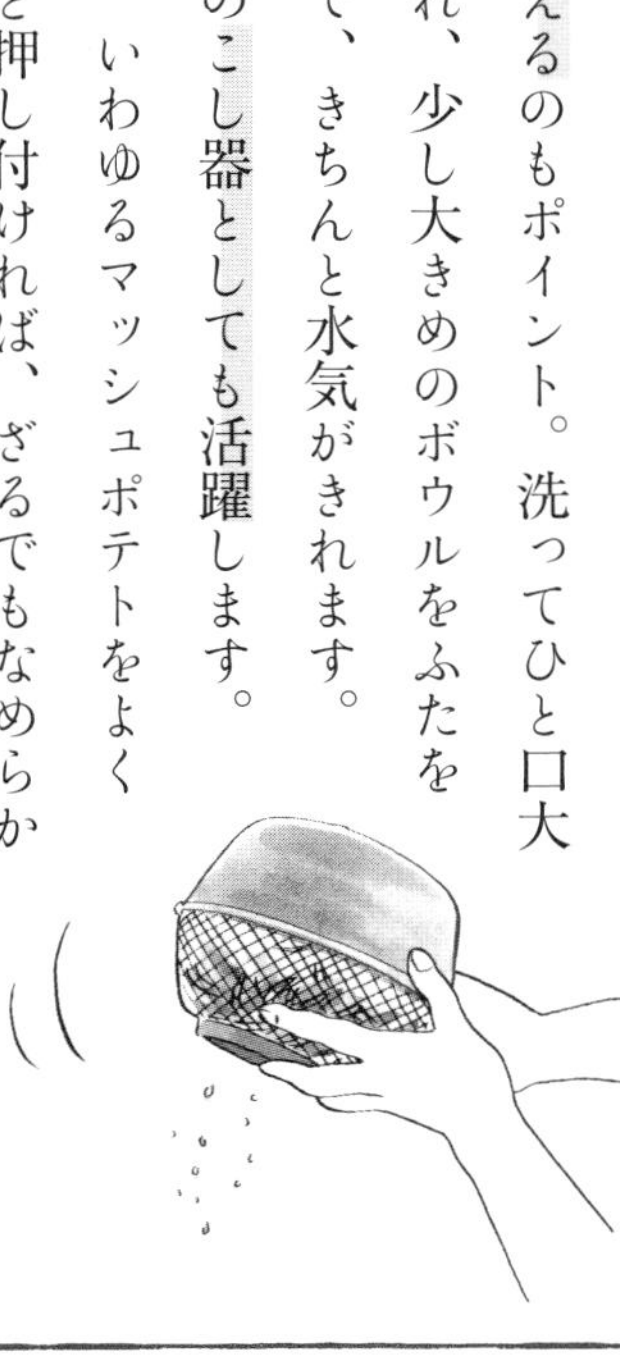

菜箸は、万能選手

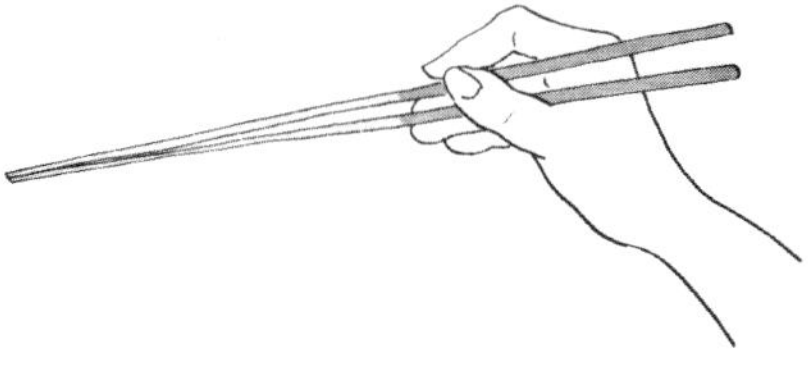

料理中、たくさんの道具を使っているうちに台所がごちゃごちゃしてきた……ということはありませんか？　「ちょっと卵を溶きたいだけなのに泡立て器を使っちゃった」「ソテーをひっくり返すために一度だけ使ったフライ返しをどこに置こう？」というように。道具を取り出していけばいくほど、探しものも洗いものも増えていきますよね。

だから私は、料理中、たいていのことは菜箸ですませます。小回りがきき、シンプルがゆえにあらゆる用途に使うことのできる菜箸は、使い勝手抜群。全試合フル出場の万能選手と言っていいくらいです。「混ぜる」「炒める」「返す」「盛る」といった工程はたいてい菜箸でＯＫ。つかみづらいときや崩れてしまいそうなときは、ちょっと手を添えて。生の肉や魚をつかむのに使ったときは、すぐに次の料理に使えるように、サッと洗うクセをつけておきましょう。

実際に家政婦の仕事でも、菜箸1膳だけで何品も作ることが多々ありましたが、特に苦もなく、逆に洗いものが減って気持ちよかったことを覚えています。使っている道具が少なくなるので、台所がスッキリとして、調理作業もスムーズになります。

台所で、ぜひ菜箸の出番をもっと増やしてみてください。

持っておきたい、泡立て器

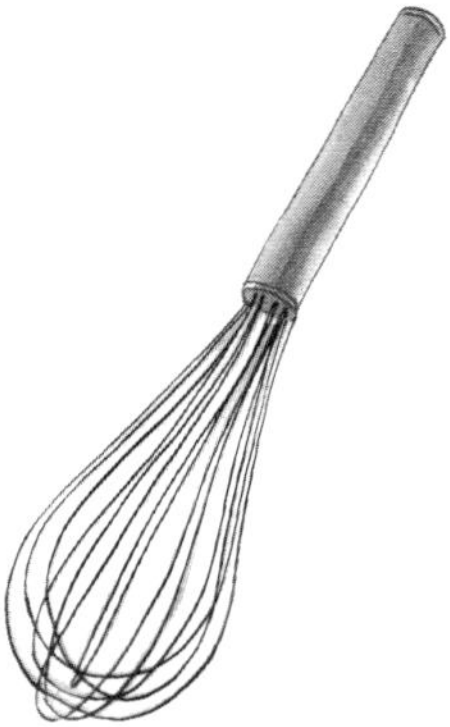

できれば持っておきたい調理道具として、泡立て器があります。

泡立て器を使うシーンといえば、まずお菓子作りが思いつくのではないでしょうか。生クリームを泡立てたり、生地を混ぜ合わせたり。

でも、ごはん作りでも使える場面が。眠らせておくには惜しい役割として、ソースやドレッシング作りがあります。

127ページで「混ぜる作業は菜箸で」とお話ししましたが、しっかり混ぜたいときや混ざりにくい材料を合わせるとき、乳化させたいときなどは、泡立て器が向いている場合もあります。お菓子作りもそうですし、オイルが加わることが多いソースやドレッシング作りもそのひとつ。作るといっても、材料を小さなボウルに入れ、泡立て器でしっかり混ぜ合わせるだけ。2分もあればできあがりです。フランスでは、ソースやドレッシングは手作りするのが当たり前になっています。日本では市販でおいしいものがたくさんありますが、手作りすると自分の好みの味に仕上げられますし、その都度新しい味を楽しめます。

日常的な料理で、泡立て器が活躍できる場面がもっとあるかもしれません。

調理道具も
「代用」できます。
手になじんだものを使って

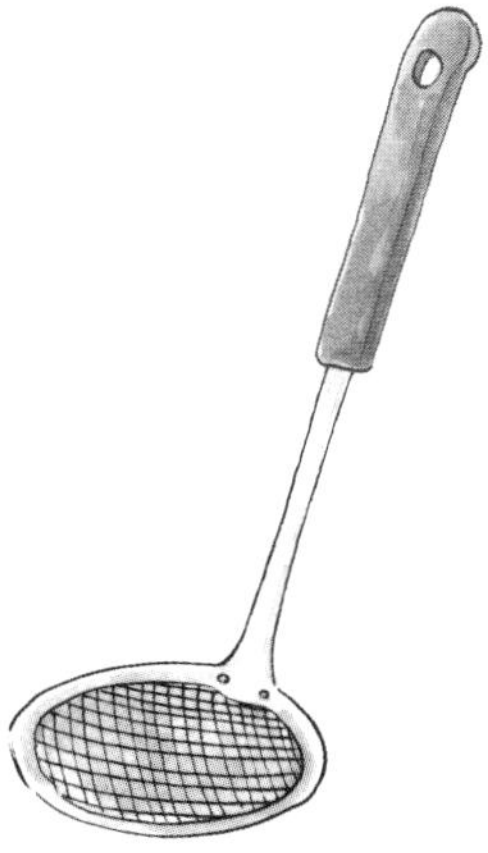

これまで何度もお伝えしてきましたが、「おいしい家庭料理を作るのに、特別なものは必要ない」「あるもので代用する」というのは、食材や調味料だけでなく、調理道具にも言えることです。

持つ道具が多くなればなるほど、収納場所も必要になりますから、戸棚や引き出し、ツール立てがぎゅうぎゅうになって、取り出しにくい状態に。調理中も、「次、どの道具を使おうかな?」「アレ、どこにしまったっけな?」と、頭と手を使う時間が増えてしまいますよね。

把握しきれない多種多様な道具をそろえるより、ざるや菜箸の使い方でもふれたように、自分の手になじんだ道具を使いまわすことを意識すると、むだな動きが減って機動力が上がっていきます。

ほかの道具で例を挙げるなら、揚げ杓子《しゃくし》。細かい網目のものであれば、濁《にご》っているスープをこしたいときは小さなざるの代わりに、お菓子に粉糖や小麦粉を均等にふりたいときはふるいの代わりになります。お味噌汁を作るときは、味噌こし器の代わりに（逆に、味噌こし器を揚げ杓子の代わりとして使うことも！）。

代用に使うのは、調理道具だけではありません。

麺棒の代わりには、ラップの芯を使います。

これは、わざわざ使い終わったラップの芯を取っておくのではなく、使いかけのラップでＯＫ。たとえば、パイシートを伸ばすとき。そのまま転がして、使い終わったら汚れた部分だけピッと切って捨てれば、洗う手間も省けます。

肉や魚に下味をつけるときは、お皿やバットを使わず、代わりに食材が入っていた容器トレイをそのまま活用します。トレイの上で塩・こしょうや小麦粉をまぶして下味をつけてしまえば、余分なスペースもとりません。洗い物を増やさずにすむから手間が省けるだけでなく、水の節約になって洗剤を使う量も減らせる。むだがないですよね。

ここで大切なのは、肉や魚の表面やトレイに出た水分をペーパータオルでしっかりふき取ってから、塩、こしょうなどの調味料をつけること。臭みを取るため、そして焼き色がしっかりつくようにするため。水分があると焼き色はつきません。おいしさを引き出す工程を忘れずに。

家政婦の仕事で伺うお客様のお宅でも「○○がない！」というのはしょっちゅう。でも絶対に何かで代用できるもの。すべての調理道具を買いそろえないといけないと思うと、どれにするかでまた悩んでしまうし、そろえたとしてもうまく活用できなかったり、収納に困ったり……憂鬱《ゆううつ》になってしまいますよね。

自分が使いやすくて使用頻度が高いものを見極めて、調理台やシンクに余白のある状態で料理をしたほうが圧倒的にストレスも少ない。日ごろから何で代用できるか探していると、台所がうまく循環していくと思います。

電子レンジ、オーブン、炊飯器にもっと頼ってみよう

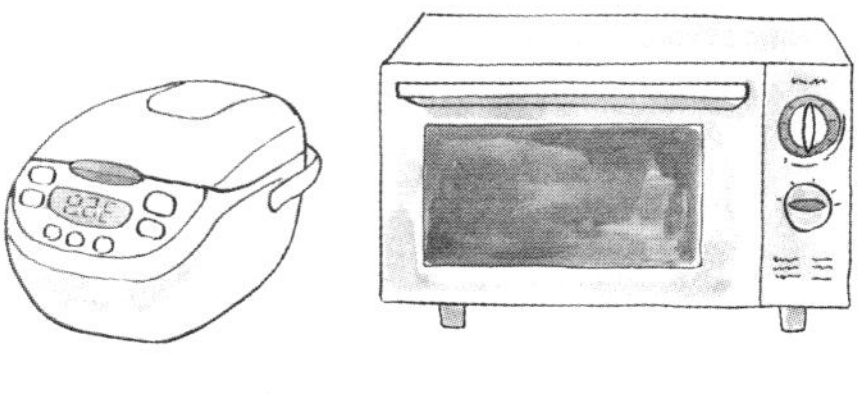

「コンロの火口がふさがっている」「そもそも火口が少ない」というときに活用したいのが、みっつの調理家電たち。これらも上位機種でなく、ごく普通のベーシックな機能があって操作がシンプルなものがあれば十分です。

まずひとつ目は、電子レンジ。

仕事で作りおきをする際は、下ゆでしておく野菜が多くなるので、よく電子レンジに頼ります。特に、ゆでるのに時間のかかる根菜は、電子レンジで加熱すると時短になり、コンロも空くので同時調理がスムーズ。

じゃがいもであれば、皮つきのまま1個ずつラップでくるんで加熱を。途中で上下や位置を入れ替えれば、均等に熱が入ります。また、ハンバーグに欠かせない玉ねぎは、みじん切りにして、耐熱皿に入れてラップをふんわりかけて加熱すれば、大幅なスピードアップにつながります。

メインディッシュの加熱を電子レンジに任せて、ソースだけこだわるという手もあります。耐熱皿に薄切りにした玉ねぎを敷き、塩・こしょうをした生鮭をのせて白ワインをふりかけ、ふんわりラップをかけて加熱。それだけで、あっという間に鮭のワイン蒸しに。これに合わせる一例として、レモンバターソース。鮭の下に敷いた玉ねぎを取り出して小鍋に入れ、白ワインと合わせて煮立たせ、バターを溶かしたら火を止めて、レモンを搾る。器に鮭をのせてソースをかければ、15分で本格フレンチのできあがりです。

ふたつ目は、オーブン。

フランスでは、オーブンはガス台よりよく使われるほど出番の多い調理道具。しかし日本では、オーブンレンジを持っている方でも「ほとんど使っていない」という声をよく聞きます。

温度や時間を設定して中に入れておくだけで、じっくり食材の中心まで加熱できるので、実は火にかけるよりラクちん。耐熱皿に肉や魚をのせ、塩、こしょう、オリーブオイルをまぶして焼くだけでもごちそうに見える優《すぐ》れモノなんです。

ほったらかしで完全に手を離せますから、オーブン料理から作り始めて、焼いている間に副菜を作れば時間の有効利用にも！　煮込み料理と同じく、忙しい方にこそおうちごはんに取り入れていただけたらと思います。

オーブンを使うときは難しく考えずに、基本は、180〜200℃の間で加熱を。ただ、各家庭で何百台と使ってきてわかったのは、同じ200℃でもオーブンによってもまったく強さが違うということ。温度の上がり方が早いとか、一方向の熱が強いとか、機種によってクセや差があるんです。慣れるまでは、オーブン内をこまめにチェックしてみてください。焼き色がつかない場合は温度を上げ、表面だけ焦げているなら温度を下げる。片側だけグツグツしているなどの偏《かたよ》りがあるなら、置く位置を微調整してみたり。自分のオーブンのクセを知って、上手に付き合っていきましょう。

そしてみっつ目は、炊飯器。その役割はお米を炊くだけではなく、火を使わない「もうひとつの鍋」として大活躍します。

〈炊飯モード〉は、煮物も手間なく柔らかく仕上げることができます。たとえば、冷えた体を温めてくれるサムゲタン。鶏の手羽元、しょうが、長ねぎ、鶏ガラスープの素、ニンニク、餅、水を入れて炊飯するだけで完成です。

〈保温モード〉なら、かたまり肉の保温料理に。高価な低温調理器を持っていなくても、これまたほったらかしで、特別感のある一品に仕上げてくれます。お客様や家族に特に評判がいいのは、ジューシーで柔らかなローストビーフです。フライパンで焼き色をつけた牛ももブロックをラップでくるんで耐熱の保存用ジッパー付きバッグへ入れ、炊飯器にお湯とともに入れて落とし皿をし、保温するだけ。失敗なしで、しっとりおいしく仕上がります。

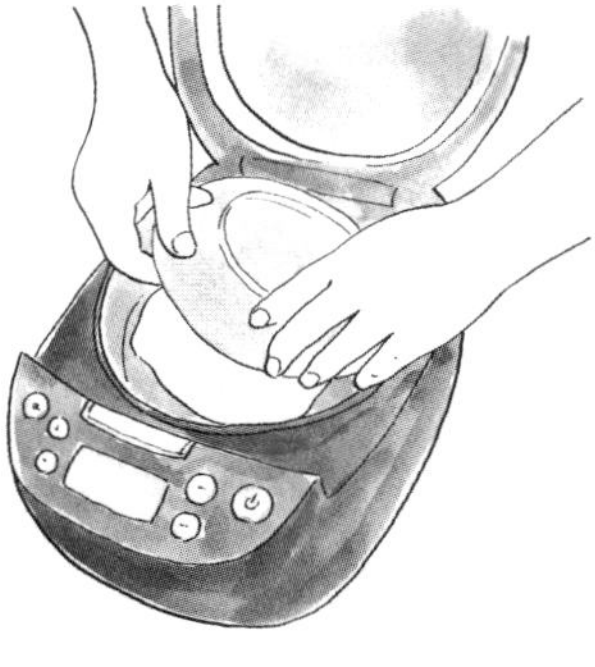

みっつとも、コンロ調理と同時にできて時短につながるということに加え、ほったらかし調理ができるというのもいいところ。下ごしらえから、火加減、温度や時間のコントロールまで、自分でなんでもやろうとすると疲れてしまいます。頼れるところはどんどん道具に頼ってみると、きっと肩の力が抜けることでしょう。

L'ortolana

おわりに

本来、食は楽しむための営《いとな》みであるはずが、日々の生活に追われ、知らず知らずのうちに苦痛になってしまうこともあると思います。

私も、仕事に追われて時間のない日は、出来合いのお惣菜を買ってきたり、簡単にすませてしまうこともよくあります。その代わり、時間のあるときはちょっとがんばって手の込んだものを作ったり、子どもと一緒にのんびり作ったりしています。

どんなときも続けているのは、楽しく食べること。いっぱいおしゃべりをして、笑って、楽しむこと。毎日がんばる必要も、無理をして作る必要もないと思うのです。

それでも日々の料理を「もっとおいしく作れないかな」、「もっと要領よくできないかな」と思っている方に知っていただきたいのは、レシピよりも、この本でお伝えしたようなちょっとしたコツや段取りだったりします。

料理は毎日の積み重ねで上達していくもの。レシピに頼りすぎるより、五感を頼りにすると、きっといつもの台所の景色が違って見えてくるはずです。といっても、塩を丁寧にふるとか、鍋がちゃんと沸騰しているかを見るとか、ほんの少し意識するだけで大丈夫。難しくとらえずに、ぜひリラックスして台所に立ってみてください。

最後に、この本を作るにあたって最初に声をかけてくださった編集の平井薫子さん、ライターの佐藤久美子さん、本を形にしてくださった河出書房新社の野田実希子さんをはじめこの本にかかわってくださった方々、マネージャーの平田麻莉さん、いつも一緒に楽しく食事をしてくれる夫のロマンと二人の息子、そして最後まで読んでくださった読者の皆様に感謝しています。

志麻さんの台所ルール

毎日のごはん作りがラクになる、一生ものの料理のコツ

2020年11月30日　初版発行
2021年 6 月30日　8 刷発行

著者
タサン志麻

発行者
小野寺優

発行所
株式会社河出書房新社
〒151-0051
東京都渋谷区千駄ヶ谷2-32-2
電話 03-3404-1201（営業）
03-3404-8611（編集）
http://www.kawade.co.jp/

印刷・製本
三松堂株式会社

Printed in Japan
ISBN978-4-309-28839-0

タサン志麻

大阪あべの・辻調理師専門学校、同グループ・フランス校を卒業。ミシュランの三ツ星レストランでの研修を修了して帰国後、老舗フレンチレストランなどに15年勤務。結婚を機に、フリーランスの家政婦として活動開始。各家庭の家族構成や好みに応じた料理が評判を呼び「予約がとれない伝説の家政婦」としてメディアから注目される。現在は家政婦の仕事に加え、料理イベント・セミナーの講師や、レシピ開発など多方面で活動中。フランス料理やフランス人を通じて学んだ家族の食卓の温かさを、忙しい日本の家族に届けたい一心で、日々、料理と向き合っている。フランス人の夫、2人の息子、2匹の猫と暮らしている。

https://shima.themedia.jp/

デザイン　廣田萌（文京図案室）
撮影　佐藤克秋
イラスト　篠塚朋子
取材・執筆　佐藤久美子
編集・構成　平井薫子
マネジメント　平田麻莉